劳动保障监察工作系列丛书

劳动保障监察案例精选

北京市人力资源和社会保障局 编

中国民航出版社

图书在版编目（CIP）数据

劳动保障监察案例精选/北京市人力资源和社会保
障局编 . —北京：中国民航出版社，2011 .6
ISBN 978-7-5128-0033-5

Ⅰ.①劳…　Ⅱ.①北…　Ⅲ.①劳动就业-社会保障-
监察-案例-汇编-中国　Ⅳ.①D922 .592.5

中国版本图书馆 CIP 数据核字(2011)第 102291 号

责任编辑：刘庆胜　武建英

劳动保障监察案例精选

北京市人力资源和社会保障局　编

出版	中国民航出版社
地址	北京市朝阳区光熙门北里甲 31 号楼（100028）
印刷	北京汇力通印刷有限公司
发行	中国民航出版社（010）64297307　64290477
开本	889×1194　1/32
印张	9.875
字数	182 千字
版本	2011 年 6 月第 1 版　2011 年 6 月第 1 次印刷
书号	ISBN 978-7-5128-0033-5
定价	35 .00 元

编 委 会

前　言

　　为深入贯彻《劳动保障监察条例》,使劳动保障监察员全面熟悉掌握劳动保障监察业务,全面提高行政执法水平,我们组织人员编写了劳动保障监察工作系列丛书,作为劳动保障监察员业务培训教材。已出版的有:《劳动保障监察基础知识》、《劳动保障法律法规规章选编》(上、中、下册)、《劳动保障监察案例精选》。教材在内容上全面吸收了劳动保障监察理论的新成果,注重知识的准确性、政策的权威性、内容的实用性,并与实践工作紧密结合,具有很强的操作性。

　　本丛书系劳动保障监察员培训教材,也可供劳动保障监察协管员、劳动者、人力资源管理者、劳动保障工作者学习使用。

　　在材料的搜集、整理过程中,得到了有关领导的支持与帮助,各区县劳动监察大队以及广大工作在一线的劳动保障监察员提供了大量详实材料,在此一并表示衷心的感谢。

编　者

2011 年 3 月

目　录

第一部分　案　例

第二部分　附　　录

第一部分　案　例

招用员工应严格核对其年龄

要点提示

企业在招用员工时,应在程序上把好关,认真查验身份,对招用人员中年龄偏小的,更要仔细审核其真实年龄,谨防碰触违法使用童工这条"高压线"。

案情简介

2009 年 10 月,劳动监察大队接到某饭店 3 名员工投诉该单位拖欠其工资。监察员在案件调查中发现,该饭店员工王某存在年龄偏小的嫌疑,监察员立即申请立案调查。

通过调查发现王某于 2009 年 6 月 17 日进入该饭店工作,进店时店方查验过王某身份证并将复印件留存,身份证显示王某已年满 16 周岁。

在对王某本人进行询问时,王某对自己进饭店时所提供的身份证上的出生年月含糊不清,再三询问之下,王某承认其真实出生日期为 1993 年 8 月 19 日,进店时未满十六周岁,是以其亲哥哥的身份证和姓名进行登记的。

随后,监察员对王某本人、饭店的法定代表人分别做了认真详尽的笔录,王某本人及法定代表人对王某冒用他人身份证及姓名进店工作一事表示认可。同时调取了

2009年6月17日双方签订的劳动合同,2009年7月份有王某签名的工资发放表,该店职工花名册等证据。

经过认真调查和仔细分析最终确认,2009年6月17至2009年8月18日期间,王某未满16周岁,属童工,事实清楚,证据确凿,决定对该饭店实施行政处罚。鉴于王某现已年满十六周岁,可继续留店工作。

案件评析

在本案处理过程中,饭店申辩认为:王某冒用他人的身份证蒙混进店,饭店对此并不知晓,并非故意招用。而且,对其一视同仁、同工同酬,现在出了问题要店方承担非法使用童工的责任,纯属冤枉。

其实店方不冤。首先,企业在招用员工时,对被招用人员情况有核查义务。《禁止使用童工规定》第四条规定:"用人单位招用人员时,必须核查被招用人员的身份证;"本案中,如果店方仔细核实王某应聘时提供的身份证,是能发现问题的。其次,企业法律意识淡薄,使用童工是法律明令禁止行为,对被招用人员实际年龄存在疑问时,其最佳选择是不用。再次,"对其一视同仁、同工同酬"并不能证明王某不是童工。所以,无论是店方有意招用王某还是王某冒用他人身份证明在店方不知情的情况下蒙混进店,一经查实,店方都要承担相应的法律责任。店方的行为违反了《劳动法》第十五条第一款、《禁止使用童工规定》第二条第一款的规定。依据《劳动法》第九十四条、《禁止使用童工规定》第六条第一款的规定,对饭店给予罚款的行政处罚。

法律链接

《劳动法》

第十五条 第一款：禁止用人单位招用未满十六周岁的未成年人。

第九十四条 用人单位非法招用未满十六周岁的未成年人的，由劳动行政部门责令改正，处以罚款；情节严重的，由工商行政管理部门吊销营业执照。

《禁止使用童工规定》（国务院第 364 号令）

第二条 第一款：国家机关、社会团体、企业事业单位、民办非企业单位或者个体工商户（以下统称用人单位）均不得招用不满 16 周岁的未成年人（招用不满 16 周岁的未成年人，以下统称使用童工）。

第四条 用人单位招用人员时，必须核查被招用人员的身份证；

第六条 第一款：用人单位使用童工的，由劳动保障行政部门按照每使用一名童工每月处 5000 元罚款的标准给予处罚。

（北京市东城区劳动监察大队选送）

我算童工吗

要点提示

当前,演艺界临时演员存在流动性大、身份复杂、关系混乱等诸多问题,法律法规对演艺单位和临时演员的使用、从业无明确规定。通过此案,对特殊行业从业人员的合法权益如何保障、由谁保障的问题进行了分析探讨。

案情简介

2010 年 3 月 1 日,徐某向某区人力资源和社会保障局反映北京某影视公司存在违法使用童工行为,请求人力社保行政部门就"该影视公司未依法审批擅自使用童工行为进行查处"。

经查:2010 年 6 月,某影视公司为拍摄电视剧临时筹建剧组,工作人员来自多家单位及社会招聘。导演为挑选儿童演员与某舞蹈学院附属中等舞蹈学校取得联系,经校方同意后进入学校挑选学生作为演员并进行面试。7 月 27 日,摄制组与被选中学生周某(1998 年 5 月 18 日出生)及其母亲徐某共同签订了《个人住宿及伙食补助费包干协议书》。随后周某在暑期期间,由亲属陪同参与该剧拍摄工作。9 月 11 日,舞蹈学院附中开学,周某由家长带领到校递交了请假申请。9 月 25 日,剧组导演为周某向校方递交续假申请。至 12 月 5 日拍摄工作全部结束,周某入组 123 天,剧组依照协议约定的"每天 30 元住宿费、伙食费、补助费"标准,将 3690 元劳务费交给徐某。10 月 17 日,徐某作为周某监护人与某影视公司因补课费、精神补偿等问题引发纠纷,向某影视公司索要各类款项共计 30 万元。但是,某影视公司方希望对方通过诉讼程序解决,不同意进行协商。徐某为给单位施加压力,聘请律师依照《禁止使用童工规定》和原劳动部《关于界定文艺工作者、运动员艺徒概念的通知》文件规定向人力社保行政部门提出上述请求。

2010 年 3 月 5 日,劳动监察大队依法对某影视公司下达了《调查询问书》,要求限期报送相关材料并接受询问。劳动监察大队经过多次向某影视公司、舞蹈学院附中及徐某调查取证,于 4 月 6 日作出"周某不属于童工范畴、某影视公司未违反相关劳动法规"的调查结论。周某及其监护人徐某对此决定未提出异议。

案件评析

演艺界、文艺单位临时聘用儿童演员的情况较为普遍,但据此向人力社保行政部门举报使用童工的案件在我区尚属首例。劳动监察大队接到举报后本着认真负责的工作态度,严格依照法律程序处理此案件。办案人员先后四次向某影视公司和剧组人员调查取证,两次深入舞蹈学院附中了解情况,同时,办案人员与徐某进行长达三个半小时的沟通交流。然而,双方当事人均表示无论人力社保

行政部门认定是否属于使用童工的行为,都会有一方提出复议或诉讼。劳动监察大队经过细致调查,依据以下几点作出上述结论:

1.周某为专业舞蹈学院舞蹈表演系在校学生,借暑假期间参与电视剧拍摄的行为,根据《关于贯彻执行〈中华人民共和国劳动法〉若干问题的意见》第二条第12项的规定,周某不属于劳动法规调整范围。

2.摄制组与周某、徐某签订的《个人住宿及伙食补助费包干协议书》中未包含劳动法规规定的劳动合同文本主要条款。周某拍摄期间不受用人单位的劳动规章制度约束,也不享受劳动报酬,根据《关于确立劳动关系有关事项的通知》的规定,双方建立的应为劳务关系,而非劳动关系。

3.关于徐某提出某影视公司违反《中华人民共和国劳动法》第十五条、《禁止使用童工规定》(国务院令第81号)和《劳动部关于界定文艺工作者、运动员艺徒概念的通知》(劳力字〔1992〕25号)规定未经审批擅自招用童工问题,因国务院令第81号已于《禁止使用童工规定》(国务院令第364号)出台后废止,《劳动部关于界定文艺工作者、运动员艺徒概念的通知》(劳力字〔1992〕25号)也一并废止。同时,针对《劳动法》第十五条和《禁止使用童工规定》(国务院令第364号)第十三条中提及的"必须依照国家有关规定,履行审批手续,"以及"文艺、体育单位招用不满16周岁的专业文艺工作者、运动员的办法,由国务院劳动保障行政部门会同国务院文化、体育行政部门制定。"的内容，上述有关部门尚未出台相关办法，更无操作程序规定。故徐某提出某影视公司"擅自招用童工"的说法无法律依据。

4. 周某由舞蹈学院附中教师推荐、摄制组进入校园联系班主任后，到班级内挑选儿童演员的情况校方知情并认可。周某在父母同意和带领下到剧组面试成功出演角色。拍摄途中因周某开学，家长和剧组两次向校方递交请假条，校方未提出反对意见，事后也未将学生参加电视剧拍摄活动认定为违规违纪行为，更未给予相关处理意见，周某返校后校方还安排班主任为其单独补课。显然作为周某监护人的母亲及校方同意周某参加演出实践。鉴于上述情形，我们认为：某影视公司招用周某作为儿童演员的行为未违反《禁止使用童工规定》第十三条规定的情形，不构成违法使用童工行为。

法律链接

《关于贯彻执行〈中华人民共和国劳动法〉若干问题的意见》

第二条 第 12 项"在校生利用业余时间勤工助学，不视为就业，未建立劳动关系，可以不签订劳动合同。"

《禁止使用童工规定》（国务院令第 81 号）（已废止）

第八条 "文艺、体育和特种工艺单位，确需招用未满16 周岁的文艺工作者、运动员和艺徒时，须报经县级以上（含县级，下同）劳动行政部门批准。

文艺工作者、运动员、艺徒概念的界定，由国务院劳动行政部门会同国务院文化、体育主管部门作出具体规定。

按前款规定批准招用的少年、儿童,用人单位应当切实保护他们的身心健康,促使他们在德、智、体诸方面健康成长,并负责创造条件,保证少年、儿童依法接受当地规定年限的义务教育。"

《关于界定文艺工作者、运动员艺徒概念的通知》(劳力字〔1992〕25 号)(已废止)

各省、自治区、直辖市及计划单列市劳动(劳动人事)厅(局):国务院一九九一年发布了《禁止使用童工规定》(国务院令第 81 号),现对该规定中文艺工作者、运动员、艺徒的概念界定如下:

文艺工作者,系指专门从事表演艺术工作的人员。

运动员,系指专门从事某项体育运动训练和参加比赛的人员。

艺徒,系指在杂技、戏曲以及工艺美术等领域中从师学艺的人员。

文艺、体育和特种工艺单位,确需招用未满十六周岁的文艺工作者、运动员和艺徒时,要严格按照国务院《禁止使用童工规定》中的有关规定,报经县级以上(含县级)劳动行政部门批准。招用后,用人单位应切实保护他们的身心健康,促使他们在德、智、体诸方面健康成长,并应负责创造条件,保证少年、儿童依法接受当地规定年限的义务教育。

《禁止使用童工规定》(国务院令第 364 号)

第十三条 文艺、体育单位经未成年人的父母或者其他监护人同意,可以招用不满 16 周岁的专业文艺工作者、运动员。用人单位应当保障被招用的不满 16 周岁的未成年人的身心健康,保障其接受义务教育的权利。文艺、体育单位招用不满 16 周岁的专业文艺工作者、运动员的办法,由国务院劳动保障行政部门会同国务院文化、体育行政部门制订。

学校、其他教育机构以及职业培训机构按照国家有关规定组织不满 16 周岁的未成年人进行不影响其人身安全和身心健康的教育实践劳动、职业技能培训劳动,不属于使用童工。

《劳动法》

第十五条 禁止用人单位招用未满十六周岁的未成年人。

文艺、体育和特种工艺单位招用未满十六周岁的未成年人,必须依照国家有关规定,履行审批手续,并保证其接受义务教育的权利。

(北京市顺义区劳动监察大队选送)

企业招用童工死亡后
仍要承担行政违法责任

要点提示

企业使用童工造成死亡后，不仅要承担民事赔偿责任，还要承担行政违法责任。

案情简介

2009 年 7 月 9 日，某区劳动监察大队接到局办公室的电函登记表，内容是区安监局召开的"关于 6.25 安全生产事故分析会，死亡人为不满 16 周岁的童工，需要劳动保障行政部门参加"。对于童工死亡事件，劳动监察大队迅速组织人员进行调查，了解某公司使用童工的情况，询问相关责任人，掌握相关的证据材料。经调查，该公司注册地在市某区，经营地在另一区，施工地在本区某街道，主要从事水泥制品的生产销售及安装。事故原因是，由于吊车司机的违章操作，导致非法招用的童工田某死亡。

2009 年 7 月 17 日，人力社保行政部门认定该公司非法使用童工田某 1 个月时间，并且该公司在招用职工过程中没有进行相关的身份核实，违反了《禁止使用童工规定》第二条、第四条的规定；依据《禁止使用童工规定》第六条、第八条的规定，对该公司分别给予 5000 元和 10000 元的罚款。

依据《禁止使用童工规定》第十条的规定,责令该公司支付田某直系亲属赔偿金;移送工商行政管理部门处理。

案件评析

用人单位违法使用童工并导致其死亡的,应当承担的后果法律是如何规定的? 人力社保行政部门如何处理?

一、招用之责

用人单位招用人员时,必须核查被招用人员身份证,保留被录用人员录用登记、核查材料。违反上述规定的,人力社保行政部门可对其处以 10000 元罚款。注意此规定仅适用于用人单位违法使用童工的特定情形。

二、使用之责

任何用人单位不得招用未满 16 周岁的未成年人。用人单位使用童工的,人力社保行政部门按每使用一名童工每月处 5000 元罚款,并责令用人单位送回原居住地交其父母或其他监护人。造成童工死亡的,人力社保行政部门应按照工伤待遇标准,责令用人单位向其直系亲属支付赔偿金;同时人力社保行政部门应将案件移送至工商行政管理部门或民政部门接受其他处理。

故本案对用人单位作出两项行政处罚、责令承担民事赔偿责任、移送相关行政部门进行处理。

法律链接

《禁止使用童工规定》

第二条 第一款国家机关、社会团体、企业事业单位、民办非企业单位或者个体工商户(以下统称用人单位)均不得招用不满 16 周岁的未成年人(招用不满 16 周岁的未成年人,以下统称使用童工)。

第四条　用人单位招用人员时,必须核查被招用人员的身份证;对不满 16 周岁的未成年人,一律不得录用。用人单位录用人员的录用记录、核查材料应当妥善保管。

第六条　第一款用人单位使用童工的,由劳动保障行政部门按照每使用一名童工每月处 5000 元罚款的标准给予处罚;在使用有毒物品的作业场所使用童工的,按照《使用有毒作业场所劳动保护条例》规定的罚款幅度,或者按照每使用一名童工每月处 5000 元罚款的标准,从重处罚。劳动保障行政部门并应当责令用人单位限期将童工送回原居住地交其父母或者其他监护人,所需交通食宿和费用全部由用人单位承担。

第八条　用人单位未按照本规定第四条的规定保存录用登记材料,或者伪造录用登记材料的,由劳动保障行政部门处以 1 万元的罚款。

(北京市房山区劳动监察大队选送)

试用期不得随意延长

要点提示

本案是查处用人单位擅自延长试用期，造成劳动者工资损失行为引发的投诉案件。重点是用人单位约定的试用期是否合法，明确试用期与转正后的工资差额。经人力社保行政部门对用人单位作出责令改正后，用人单位改正了违法行为，赔偿了劳动者工资损失。

案情简介

2009 年 5 月 28 日许某被某住宅工程有限公司录用后，签订了为期一年的劳动合同，其中约定试用期三个月，试用期工资为 2400 元，转正后工资为 3000 元。上班后，许某被分配到由白经理主管的市场部工作。经过一段时间的考察，白经理认为："许某在试用期间，工作表现良好，符合岗位要求。"于是，在许某工作快满三个月之际，经请示总经理范某同意，准备给许某办理转正手续。可是，还没等许某的转正手续办好，白经理就被调离了公司。白经理在离职交接时，又遗漏了许某提前转正之事。就这样，许某转正一事被拖了下来，直到试用期满时也没解决。

2009 年 8 月 15 日公司人事部经理找到许某，告知他公司又决定将他的试用期再延长三个月，原因是"许某所在市场部经理走了，不知道许某在试用期的表现"。公司就这件事征求许某意见时,问许某是否同意延长试用期,如不同意,公司就立即解除双方的劳动合同。无奈,许某只好同意延长了试用期,签订了书面协议。2009 年 9 月 28 日许某持二次试用期协议,向当地劳动监察机构投诉,要求赔偿因擅自延长试用期造成的损失。当地劳动监察机构依法予以立案处理。

劳动监察机构受理投诉后,及时向该公司调查了解情况,调阅劳动合同、工资表,发现投诉人反映情况属实。该公司已违反了《劳动合同法》第十九条"劳动合同期限三个月以上不满一年的,试用期不得超过一个月;劳动合同期限一年以上不满三年的,试用期不得超过二个月"的规定,依据《劳动合同法》第八十三条"用人单位违反本法规定与劳动者约定试用期的,由劳动行政部门责令改正;违法约定的试用期已经履行的,由用人单位以劳动者试用期满月工资为标准,按已经履行的超过法定试用期的期间向劳动者支付赔偿金"的规定,2009 年 10 月 18 日劳动行政部门向该单位下达了《责令(限期)改正指令书》,责令改正违法约定两次试用期行为,五日内支付许某因擅自延长试用期造成的赔偿金。该公司与许某经协商,双方同意以第一次约定的试用期为期限,将劳动合同期限改为三年,并支付了许某已履行的第四个月试用期的赔偿金。

案例评析

试用期是劳动合同当事人为了相互了解对方的情况而在劳动合同中约定的特定期限。劳动者的劳动技能往往不具有直接的外在表现形式，需要通过实际工作才能体现出来，同时，劳动者通过实际工作也能了解到在用人单位工作的具体情况，试用期是企业与新员工进行双向考察和熟悉的时间缓冲区。企业要考察新员工是否能够适合岗位的要求；新员工也考察自己是否乐意在企业工作。

试用期与劳动合同期限既有联系又有区别。无论是试用期还是合同期，当事人都应当按照劳动合同的约定行使权利、承担义务。试用期应当包含在劳动合同期限之内，试用期应当是劳动合同期限的一部分。

《劳动法》第二十一条规定"劳动合同可以约定试用期，但最长不得超过六个月"。在《劳动法》实施的十几年中，滥用试用期侵犯劳动者权益的现象比较普遍。例如，一些用人单位对于新招用的员工，不管有没有必要约定试用期，一律约定试用期。还有些企业与员工签订一年期限的劳动合同，却有半年是试用期。甚至有些生产经营季节性强的企业还将试用期与劳动合同期限合二为一，如：签订半年的劳动合同，试用期为半年。

针对上述试用期被企业滥用的现状，《劳动合同法》第十九条对试用期期限作了细致和严格的限制性规定，既"同一用人单位与同一劳动者只能约定一次试用期"。

案例中的公司与许某在订立劳动合同时，约定的试用期是不合法的。公司与许某约定的劳动合同期为一年，试用期却为三个月，违反了《劳动合同法》第十九条"劳动合同期限三个月以上不满一年的，试用期不得超过一个月；

劳动合同期限一年以上不满三年的,试用期不得超过二个月"的法律规定,另外,公司在履行劳动合同期间又进一步提出延长许某三个月试用期的协议,显然,这更是侵犯许某合法权益的行为。

在调查中,劳动监察机构重点收集劳动合同、延长试用期协议等相关证据,明确企业试用期违法。对超出法定试用期期限,劳动者已履行的,明确劳动者工资损失,确定赔偿数额,作出相应的处理。

本案中,投诉人与被投诉单位在协商的基础上形成新的劳动合同即:以第一次已履行的试用期期限为前提,重新签订为期三年的劳动合同。这是双方真实意愿的表示,用人单位的这种作法应认定为改正了违法约定试用期行为。

法律链接

《劳动法》

第二十一条 劳动合同可以约定试用期,但最长不得超过六个月。

《劳动合同法》

第十九条 劳动合同期限三个月以上不满一年的,试用期不得超过一个月;劳动合同期限一年以上不满三年的,试用期不得超过二个月……

同一用人单位与同一劳动者只能约定一次试用期。

第八十三条 用人单位违反本法规定与劳动者约定试用期的,由劳动行政部门责令改正;违法约定的试用期已经履行的,由用人单位以劳动者试用期满月工资为标准,按已经履行的超过法定试用期的期间向劳动者支付赔偿金。

(北京市西城区劳动监察大队选送)

未签劳动合同　她该不该得到二倍工资

要点提示

用人单位在用工期间没有与劳动者签订书面劳动合同,就应当按照《劳动合同法》第八十二条的规定向劳动者支付二倍工资,这种问题本身是没有什么值得探讨的。但是如果双方已就劳动争议问题在劳动争议仲裁委员会达成调解,且申诉人已明确放弃其他申诉请求的情况下,如何处理双方未签订书面劳动合同问题,对放弃其他申诉请求如何理解成为本案焦点。

案情简介

2009 年 5 月 13 日,某区人力社保局接到张某投诉某培训中心未签订书面劳动合同要求其依法支付二倍工资。

经查:投诉人张某于 2006 年 5 月至 2008 年 10 月 27 日在培训中心工作,工作期间培训中心未与张某签订劳动合同。投诉前,张某曾向某区劳动争议仲裁委员会申诉,提出两项申诉请求:1.要求单位补给各项社会保险赔偿金 7000 元;2.要求单位支付法定节假日工资 2861 元。所有补偿按国家标准补偿。2009 年 5 月 11 日双方在仲裁委的主持下达成调解协议如下:一、某培训中心于本调解书生效之日一次性支付张某 2006 年 5 月至 2008 年 10 月工资、加班费、社会保险赔偿金共计4000元;二、张某放弃其他申诉请求,双方解除劳动关系。调解书送达后,某培训中心履行了调解书达成的给付义务。

鉴于张某在申请劳动仲裁时,未涉及因未签订书面劳动合同,要求支付二倍工资的内容,区人力社保局依据《劳动合同法》的有关规定,按照法定程序对某培训中心做出了《行政处理决定书》,要求某培训中心支付张某·2008年2月1日至2008年10月26日二倍工资8951.54元。

某培训中心不服,于2009年12月7日向市人力社保局提起行政复议,要求撤销区人力社保局做出的《行政处理决定书》。其理由是:既然双方已在仲裁委的主持下达成了调解,且申诉人已明确放弃了其他申诉请求,区人力社保局就不能对案件进行重复处理。复议机构认为区人力社保局根据投诉人张某的投诉及《劳动合同法》等相关法律规定做出的行政处理决定并无不当之处。

培训中心不服复议决定,继而又向某区人民法院提起行政诉讼。经过多次沟通,培训中心理解了区人力社保局的做法,按照《行政处理决定书》的要求,向投诉人张某支付了二倍工资,同时向某区人民法院撤销了行政诉讼请求。

案件评析

本案的关键是张某在劳动争议仲裁过程中表示"放弃其他诉讼请求"的含义是什么?区人力社保局是否应当受理张某的投诉。

张某在劳动争议仲裁委员会提出,要求单位补给各项社会保险赔偿金7000元、支付法定节假日工资2861元两项申诉请求,双方最终达成的调解协议是:培训中心支付张某工资、加班费、社会保险赔偿金4000元;放弃其他申诉请求,解除劳动关系。此调解协议涉及两项内容,应理解为:其第一项是张某的诉求(各项社会保险赔偿金、法定节假日工资)以4000元的标的与某培训中心形成合意,由某培训中心支付给张某;第二项是张某放弃申诉标的高于合意标的差额部分,双方劳动关系终止。因为,劳动争议调解仲裁委员会受理张某的仲裁申请后,由于某培训中心并无反诉事项(如不支付未与张某签订劳动合同的二倍工资),其主持调解的事项只能是张某申请事项。所以,调解协议书中"放弃其他诉讼请求"内容中不应包含张某在某培训中心工作期间其他权益受侵犯事项。

鉴于张某的投诉不构成《劳动保障监察条例》第二十一条第二款、《关于实施〈劳动保障监察条例〉若干规定》第十五条规定的情形,劳动监察机构应当受理。人力社保局依法做出要求某培训中心支付张某二倍工资的行政处理决定是在履行职责。

法律链接

《劳动合同法》

第十条 建立劳动关系,应当订立书面劳动合同。

已建立劳动关系,未同时订立书面劳动合同的,应当自用工之日起一个月内订立书面劳动合同。

用人单位与劳动者在用工前订立劳动合同的,劳动关系自用工之日起建立。

第八十二条 用人单位自用工之日起超过一个月不满一年未与劳动者订立书面劳动合同的,应当向劳动者每月支付二倍的工资。

用人单位违反本法规定不与劳动者订立无固定期限劳动合同的,自应当订立无固定期限劳动合同之日起向劳动者每月支付二倍的工资。

《劳动保障监察条例》

第二十一条 用人单位违反劳动保障法律、法规或者规章,对劳动者造成损害的,依法承担赔偿责任。劳动者与用人单位就赔偿发生争议的,依照国家有关劳动争议处理的规定处理。

对应当通过劳动争议处理程序解决的事项或者已经按照劳动争议处理程序申请调解、仲裁或者已经提起诉讼的事项,劳动保障行政部门应当告知投诉人依照劳动争议处理或者诉讼的程序办理。

《关于实施〈劳动保障监察条例〉若干规定》

第十五条 有下列情形之一的投诉,劳动保障行政部门应当告知投诉人依照劳动争议处理或者诉讼程序办理:

(一)应当通过劳动争议处理程序解决的;

(二)已经按照劳动争议处理程序申请调解、仲裁的;

(三)已经提起劳动争议诉讼的。

(北京市大兴区劳动监察大队选送)

只签"试用期聘用协议"是否应
支付二倍的工资

要点提示

本案的起因,是对劳动者所反映的用人单位未与其订立书面劳动合同未支付二倍工资行为的调查,但最终成为对用人单位与劳动者违法约定试用期行为的纠正。本案的焦点在于用人单位在劳动者在职期间只与其订立了仅约定试用期的"试用期聘用协议",该试用期是否成立。用人单位在"试用期聘用协议"到期、双方劳动关系存续的情况下未及时与劳动者续订书面劳动合同,是否应当向劳动者支付二倍的工资。

案情简介

吕某于 2009 年 6 月 15 日应聘到某单位工作,该单位于当天与吕某签订了书面"试用期聘用协议",两个月后"试用期聘用协议"到期,该单位未再与吕某订立书面劳动合同,吕某一直工作到 2009 年 10 月 27 日离职。之后,吕某向劳动监察大队投诉要求该单位向其支付"试用期聘用协议"期满后至其 2009 年 10 月 27 日离职期间未签订劳动合同的二倍工资。

劳动监察大队接到此投诉案件后,依照法定程序向该单位发出了《调查询问书》,并调取了该单位与吕某签订的"试用期聘用协议"以及吕某在职期间的工资表和考勤记录。经查,吕某于 2009 年 6 月 15 日至 2009 年 10 月 27 日期间在该单位工作,该单位于 2009 年 6 月 15 日与吕某订立了书面"试用期聘用协议",协议约定吕某的试用期为两个月,试用期满后该协议到期,但该单位未与吕某续订书面劳动合同。该单位在"试用期聘用协议"中与吕某约定了试用期满后的月工资标准,并且按照该协议约定的月工资标准的 80% 向吕某支付了试用期内的工资。协议到期后,吕某继续工作,工作内容未变更;该单位未与吕某续订书面劳动合同,并继续按照"试用期聘用协议"所约定工资标准的 80% 向吕某支付工资。

案件处理结果为:责令该单位向吕某补足在职期间实发工资与"试用期聘用协议"所约定工资标准折算的差额。

案件评析

本案中,用人单位在吕某入职之日起即与其订立了书面"试用期聘用协议",协议约定了期限、工作内容、工资标准、福利待遇等内容。该协议虽较之正规劳动合同文本显得简单粗糙,但此协议可以认为是该用人单位和吕某之间为了明确双方劳动关系确立后的权利和义务而形成的书面契约,代表了双方真实的意愿。劳动合同作为劳动者与用人单位之间确立劳动关系,明确双方权利和义务的契约,其定义是广泛的,任何具备劳动合同要素的书面契约都可以认为是劳动合同。由于该"试用期聘用协议"仅约定了吕某的试用期,故依据《劳动合同法》第十九条第四款"试用期包含在劳动合同期限内。劳动合同仅约定试用期的,试用期不成立,该期限为劳动合同期限"的规定,此"试用期聘用协议"应认定为用人单位与吕某订立了为期两个月的书面劳动合同。

吕某在"试用期聘用协议"到期后继续工作直至离职,期间双方的劳动关系未中断,可以确定该单位对吕某的用工之日为吕某的入职之日,即"试用期聘用协议"的订立之日。虽然该单位在该协议到期后未及时与吕某续订劳动合同,但因该单位在用工之日起即与吕某订立了书面"试用期聘用协议",同时吕某在该协议到期后继续工作,该单位未变更吕某的工作内容,可以视为双方对"试用期聘用协议"所形成权利和义务约定履行的延续,因此吕某和该用人单位之间不构成《劳动合同法》第八十二条第一款所规定的"用人单位自用工之日起超过一个月不满一年未与劳动者订立书面劳动合同"情形;由于《劳动合同法》没有对于劳动合同到期后,继续在原单位从事双方约定要素不变的工作、没有签订书面劳动合同情况如何处理作出明确规定,对于此种情形,应依据《北京市劳动合同规定》第四十五条的规定,视为劳动合同的延续。故用人单位无需支付吕某"试用期聘用协议"期满后至离职期间的二倍工资。

本案中,该单位存在克扣吕某工资的行为。吕某在职期间所得工资是按约定工资标准的80%领取的,单位应补足两者之间差额。

法律链接

《劳动合同法》

第十九条 劳动合同期限三个月以上不满一年的,试用期不得超过一个月;劳动合同期限一年以上不满三年的,试用期不得超过二个月;三年以上固定期限和无固定期限的劳动合同,试用期不得超过六个月。

同一用人单位与同一劳动者只能约定一次试用期。

以完成一定工作任务为期限的劳动合同或者劳动合同期限不满三个月的,不得约定试用期。

试用期包含在劳动合同期限内。劳动合同仅约定试用期的,试用期不成立,该期限为劳动合同期限。

第八十二条 用人单位自用工之日起超过一个月不满一年未与劳动者订立书面劳动合同的,应当向劳动者每月支付二倍的工资。

用人单位违反本法规定不与劳动者订立无固定期限劳动合同的,自应当订立无固定期限劳动合同之日起向劳动者每月支付二倍的工资。

第八十三条 用人单位违反本法规定与劳动者约定试用期的,由劳动行政部门责令改正;违法约定的试用期已经履行的,由用人单位以劳动者试用期满月工资为标准,按已经履行的超过法定试用期的期限向劳动者支付赔偿金。

《北京市劳动合同规定》

第四十五条 劳动合同届满,因用人单位的原因未办理终止劳动合同手续的,劳动者与用人单位仍存在劳动关系的,视为续延劳动合同,用人单位应当与劳动者续订劳动合同。

（北京市海淀区劳动监察大队选送）

"老东家"股权转让
职工能否索要经济补偿金

要点提示

企业股权转让或变更名称、劳动合同条款未发生变化的,劳动合同继续履行,无需支付经济补偿金。

案情简介

2010年2月23日,A公司十余名职工代表向某区劳动监察大队反映,该单位将70%的股份转让给B公司,单位名称、法定代表人已变更,职工由新单位接管后工资、岗位不变。但职工认为现有劳动关系是与A公司建立的,股权转让后用工主体不存在,致使劳动合同将无法继续履行,要求A公司支付经济补偿金。

经查,A公司是2001年成立的股份制有限公司,由某外资企业(C公司)出资70%,当地镇政府出资30%共同组建。现C公司因经营方向发生改变,将所持有的70%股份转让给B公司。B公司参股后与当地镇政府协商将A公司更名为D公司。根据调查结果,劳动监察大队没有支持投诉人的主张。

案件评析

案件处理过程中双方争议很大。A公司认为,由于与职工签订的劳动合同尚未到期,股权变更后所有人员工作岗位不变,工资待遇不降低,未出现劳动合同终止或解除的法定情形,双方劳动关系并未解除,只不过是由股权受让方B公司收购后依法变更名称的D公司继续与劳动者履行,无需向职工支付经济补偿。但职工认为现有劳动关系是与A公司建立的,股权转让后公司主体不存在而导致劳动合同无法继续履行,要求A公司依法支付经济补偿金,之后再重新与D公司签订劳动合同。

作出本案结论主要考虑以下二点:

第一,C公司向B公司转让股份后,原A公司的实际投资人变为B公司与某镇政府,后B公司与某镇政府协商将公司名称变更为D公司,依据《劳动合同法》第三十三条:"用人单位变更名称、法定代表人、主要负责人或者投资人等事项,不影响劳动合同的履行。"的规定,职工与A公司签订的劳动合同继续有效,其权利、义务由新更名的D公司承担。

第二,由于与职工签订的劳动合同尚未到期,股权变更后所有人员工作岗位不变,工资待遇不降低,未出现劳动合同终止或解除的法定情形,双方劳动关系并未终止或解除,故A公司无需支付解除劳动合同的经济补偿金。

法律链接

《劳动合同法》

第三十三条　用人单位变更名称、法定代表人、主要负责人或者投资人等事项,不影响劳动合同的履行。

第三十四条　用人单位发生合并或者分立等情况,原劳动合同继续有效,劳动合同由承继其权利和义务的用人单位继续履行。

第四十四条　有下列情形之一的,劳动合同终止:

(四)用人单位被依法宣告破产的;

(五)用人单位被吊销营业执照、责令关闭、撤销或者用人单位决定提前解散的;

第四十六条　有下列情形之一的,用人单位应当向劳动者支付经济补偿:

(六)依照本法第四十四条第四项、第五项规定终止劳动合同的;

《公司法》

第五十六条　公司研究决定生产经营的重大问题、制定重要的规章制度时,应当听取公司工会和职工的意见和建议。

第一百四十三条　股东持有的股份可以依法转让。

(北京市顺义区劳动监察大队选送)

违法解除劳动合同的认定
及赔偿金解决途径

要点提示

劳动者严重违反用人单位规章制度的,用人单位可以解除劳动合同,这是法律赋予广大用人单位在劳动用工管理活动中一项重要的权利。但在实际工作中,有些用人单位在认定职工存在严重违反企业规章制度的行为,并解除双方劳动合同时,缺乏足够的证据,而这种缺乏证据支持的解除劳动合同行为是违法的,其直接后果是解除劳动合同的行为无效或者应向劳动者支付赔偿金。

案情简介

2009 年 9 月 24 日,某区劳动监察大队接到营某、张某反映某家具有限公司违法解除劳动合同,要求支付赔偿金的投诉案件。

经查,营某于 1996 年 7 月 20 日到某家具公司工作,2007 年 12 月,双方签订了为期 1 年的固定期限劳动合同,2008 年 5 月 30 日,某家具公司以营某连续旷工、违反规章制度为由与其解除了劳动关系。张某 1999 年 6 月 20 日进入某家具公司工作,2007 年 12 月,双方签订了为期半年的固定期限劳动合同。2008 年 6 月 9 日,某家具公司以张某连续旷工、违反规章制度为由与其解除了劳动关系。营某、张某认为某家具公司所谓的连续旷工时间实际是二人因病休假的时间，且二人当时已向单位提交了病假条，其解除劳动合同的行为违反了《劳动合同法》的规定，为此二人向某区劳动争议仲裁委员会申请仲裁，要求某家具公司支付违法解除劳动合同赔偿金。2008 年 12 月 18 日，仲裁裁决某家具公司违法解除劳动合同，并分别支付营某、张某解除劳动合同赔偿金 239202 元和 79815.42 元。此后，某家具公司不服上述裁决结果，向人民法院提起民事诉讼，2009 年 8 月 19 日，市中级人民法院对此案分别作出终审判决，判决认定某家具公司属违法解除劳动合同，但二人要求某家具公司支付违法解除劳动合同赔偿金应由人力社保部门解决。

　　2009 年 12 月 31 日，某区人力社保局对某家具公司下达了《责令（限期）改正通知书》，责令某家具公司分别支付营某、张某解除劳动合同赔偿金。责令期限内，某家具公司未进行整改，提出其不服市中级人民法院判决，并已向市高级人民法院提出再审申请，希望人力社保部门能够在申诉结果出来以后再对此案进行处理。劳动监察员认为其理由不能成立，于 2010 年 2 月 2 日对某家具公司下达了《行政处理决定书》。2010 年 5 月 14 日，某区人民法院对此案做出了准予强制执行的行政裁定书。

　　案件评析

　　一、用人单位认定职工严重违反企业规章制度解除劳

动合同应当提供充足的证据

当事人对自己提出的主张,有责任提供证据予以证明。本案中,某中医院、某医科大学附属中医院等医疗机构分别为营某、张某出具了诊断证明,证明了二人在此期间生病并到医院就诊,且在法定的医疗期内。而某家具公司仅以张某的请假行为没有事先登记也未补办登记、营某与病假审批人周某在病假期间同时出入境为由,认定营某、张某并非休病假,而是严重违反单位规章制度的无故旷工行为,是缺乏证据支持的。因为营某、张某的生病休假行为,是有医疗机构出具的诊断证明这个直接证据予以支持的,而某家具公司申辩的营某出入境、张某请假没有事先登记等理由都不能直接否定二人生病休假这个事实。除非某家具公司能提供证据证明二人提供的证据是伪造的,或者医疗机构证明其自己出具的诊断证明是虚假的,或者二人据以休病假的诊断证明被生效的判决裁定认定为无效,才能够支持某家具公司的主张。

二、违法解除劳动合同赔偿金应由谁来解决

对劳动者反映用人单位违法解除劳动合同,并要求赔偿金的投诉案件,人力社保行政部门依法受理并予以查处本来是毋庸置疑的,但是此类案件是否属于劳动争议仲裁委员会、人民法院的受案范围? 是否只能由人力社保部门受理并进行处理呢?

《劳动争议调解仲裁法》第二条第一款第五项明确规定了劳动争议仲裁委员会受案范围,即:"用人单位与劳动者因劳动报酬、工伤医疗费、经济补偿或者赔偿金等发生的争议;"显然,劳动者要求用人单位支付违法解除劳动合同赔偿金的,劳动争议仲裁委员会应该受理,人民法院在劳动争议仲裁委员会已经做出裁决的情况下,应当依法作出判决。

虽然,《劳动合同法实施条例》第三十四条规定"用人单位依照劳动合同法的规定应当向劳动者每月支付二倍的工资或者应当向劳动者支付赔偿金而未支付的,劳动行政部门应当责令用人单位支付。"但此规定旨在明确劳动者维权的行政救济途径,并不排斥通过司法途径解决此类案件。

由此可见,用人单位依照劳动合同法的规定应当向劳动者支付赔偿金或者二倍工资的案件,既可以通过向人力社保行政部门投诉的方式解决,也可以通过司法途径处理。

法律链接

《劳动合同法实施条例》

第二十五条 用人单位违反劳动合同法的规定解除或者终止劳动合同,依照劳动合同法第八十七条的规定支付了赔偿金的,不再支付经济补偿。赔偿金的计算年限自用工之日起计算。

第三十四条 用人单位依照劳动合同法的规定应当向劳动者每月支付二倍的工资或者应当向劳动者支付赔偿金而未支付的,劳动行政部门应当责令用人单位支付。

(北京市大兴区劳动监察大队选送)

支付给我的工资合法吗

要点提示

本案是查处用人单位违法支付劳动者工资的案件,案件焦点在于用人单位对最低工资的含义存在模糊认识,经劳动监察员耐心讲解,帮助用人单位纠正了错误意识,并积极改正了错误做法。

案情简介

2008年12月初,某区劳动监察大队接到李某投诉,要求某物业公司补足其2007年10月低于本市最低工资的差额部分。

接到案件后,监察组随即对案件展开调查。通过调阅用人单位提供的2007年10月考勤表及工资发放表后发现,由于用人单位对最低工资的含义存在模糊认识,因此,该单位在制作工资发放表时,将基本工资与加班工资合并计算,认为总额不低于最低工资。但按照实际出勤天数,发放的基本工资部分低于本市最低工资标准。

通过监察员耐心细致地讲解以及对政策、法规的学习,使单位对最低工资的含义有了新的认识,表示积极改正错误。并在规定期限内补足了低于最低工资部分的工资。

案件评析

此案系典型的最低工资支付案件。在案件的调查过程中,监察员发现,用人单位对工资及最低工资的具体含义存在偏差,认为只要工资支付总额不低于最低工资即不构成违法。

一、这里需要明确"工资"与"最低工资"这两个概念。《劳动法》中的"工资"是指用人单位依据国家有关规定或劳动合同的约定,以货币形式直接支付给本单位劳动者的劳动报酬,一般包括计时工资、计件工资、奖金、津贴和补贴、延长工作时间的工作报酬以及特殊情况下支付的工资等。而《劳动法》第四十八条中的"最低工资"是指劳动者在法定工作时间或依法签订的劳动合同约定的工作时间内,用人单位依法应支付的最低劳动报酬。根据以上两个概念,不难得出这样的结论,即"最低工资"是包含在"工资"范围之内,支付的额度也小于工资,因此企业在实际操作中,在保证职工最低工资的基础之上,也应保障职工加班工资及其他的利益。

二、依据《劳动法》第四十八条"国家实行最低工资保障制度。最低工资的具体标准由省、自治区、直辖市人民政府规定,报国务院备案。用人单位支付劳动者的工资不得低于当地最低工资标准"及《北京市最低工资规定》第四条"劳动者在法定工作时间内为企业工作,企业支付给劳动者的工资不得低于本市规定的最低工资标准。劳动者个人工资收入低于最低工资标准的,企业必须及时补足"

的规定,明确了最低工资的具体含义,即劳动者在法定工作时间内为企业工作,企业应支付劳动者的工资不低于最低工资标准。

三、这里重点突出了"在法定工作时间内"这个时间概念。在现如今,绝大多数企业都执行标准工时制度,即 8 小时工作制。"在法定工作时间"就指在 8 小时工作之内的时间。超过 8 小时以外的时间,应计算为加班时间,按照相应规定应支付劳动者加班工资。

四、至于加班工资是否应计入最低工资,《北京市最低工资规定》第六条给予了明确规定"最低工资标准包括按国家统计局规定应列入工资总额统计的工资、奖金、补贴等各项收入。下列各项收入不计入最低工资标准:(一)劳动者在国家规定的高温、低湿、井下、有毒有害等特殊环境条件下工作取得的津贴;(二)劳动者在节假日或者超过法定工作时间从事劳动所得的加班、加点工资;(三)劳动者依法享受的保险福利待遇;(四)根据国家和本市规定不计入最低工资标准的其他收入。"依照此规定,加班加点工资不计入最低工资。虽然在文字表达上,都体现出工资,但由于工资种类及分配方式不同,代表的含义也存在区别,因此不能随意、简单地合并,更不能随意减少,必须严格按照国家有关规定执行。

法律链接

《劳动法》

第四十八条 国家实行最低工资保障制度。最低工资的具体标准由省、自治区、直辖市人民政府规定,报国务院备案。用人单位支付劳动者的工资不得低于当地最低工资标准。

《最低工资规定》

第三条　劳动者在法定工作时间或依法签订的劳动合同约定的工作时间内,用人单位依法应支付的最低劳动报酬。

《北京市最低工资规定》

第四条　劳动者在法定工作时间内为企业工作,企业支付给劳动者的工资不得低于本市规定的最低工资标准。劳动者个人工资收入低于最低工资标准的,企业必须及时补足。

第六条　最低工资标准包括按国家统计局规定应列入工资总额统计的工资、奖金、补贴等各项收入。下列各项收入不计入最低工资标准:(一)劳动者在国家规定的高温、低湿、井下、有毒有害等特殊环境条件下工作取得的津贴;(二)劳动者在节假日或者超过法定工作时间从事劳动所得的加班、加点工资;(三)劳动者依法享受的保险福利待遇;(四)根据国家和本市规定不计入最低工资标准的其他收入。

（北京市西城区劳动监察大队选送）

是否应支付工资差额及加班工资

要点提示

本案的重点是要在调查过程中获取相关证据,分清劳动者在工作期间签订劳动合同的不同情况,及发生纠纷后通过何种途径处理过相关投诉情况,认真审查所有证据材料,以做出正确的判断。

案情简介

2009年9月14日,甲公司职工崔某至市劳动监察大队投诉,要求甲公司返还其2002年5月至2008年4月期间由于公司计算错误而被损害的劳动报酬及加班费。

经查:甲公司为食品公司,按照公司规定,根据员工岗位的不同,分为按月计薪和按小时计薪。崔某1995年到甲公司做兼职人员,按月计薪,月工资1188元。2002年5月崔某成为甲公司全职员工,调整到按小时计薪的岗位工作,并在劳动合同中约定以小时计薪,小时工资 = 1188元÷30天÷8小时,计算后崔某的小时工资为4.95元/小时。2002年7月,甲公司与崔某重新签订劳动合同,在劳动合同中直接约定小时工资,标准从5.2元/小时,以后逐年调整为6.7元/小时、8.6元/小时。崔某所在岗位实行综合计算工时,核算周期为每月。崔某自己用2002年5月至12

月工资除以小时工资,倒推出这几个月的工作时间,认为存在加班,而在2003年1月至2008年4月期间,崔某有35个月存在加班,甲公司向其支付了节日补贴和超时补贴。经向甲公司的其他员工进行询问,绝大多数员工都认为节日补贴和超时补贴就是加班工资。

案件评析

一、要从问题的表面看到实质

用人单位有自主决定计薪方式的权利,但不得违反国家法律、法规、规章的规定。原劳动保障部2000年颁布了《关于职工全年月平均工作时间和工资折算问题的通知》,明确规定职工全年月平均工作天数和工作时间分别调整为20.92天和167.4小时,职工的日工资和小时工资按此进行折算。本案中甲公司有决定崔某实行按小时计薪的自主权,但应当按照原劳动保障部的规定计算日工资和小时工资,2002年5至6月甲公司以月薪除以30天计算出日工资的方法是错误的,再除以8小时计算出小时工资为4.95元/小时,当然也是错误的。虽然4.95元/小时并不低于北京市当年的最低工资标准,但由于甲公司的计算方法明显违反了劳动法律法规的规定,侵害了崔某的合法权益,应当依法予以纠正。劳动监察机构责令甲公司按照正确方法计算出的7.1元/小时的标准,为崔某补足2002年5至6月期间的工资差额。2002年7月以后,双方重新签订劳动合同,并在劳动合同中分别约定了小时工资为5.2元/小时、6.7元/小时、8.6元/小时等,崔某认为5.2元/小时、

6.7元/小时都低于7.1元/小时,是因为甲公司的错误导致其签订了劳动合同,工资的约定属于无效条款,也要求按7.1元/小时补足。由于劳动合同的无效应由仲裁委员会或人民法院来认定,劳动监察机构无权确认,5.2元/小时、6.7元/小时的标准是双方在劳动合同中约定的,不是计算出来的,而且不低于相关年度北京市最低工资标准,所以崔某要求甲公司补足2002年7月至2008年4月的工资差额的要求,劳动监察机构没有支持。

二、认真审查证据材料

关于加班工资问题,本案中崔某根据工资倒推出工作时间,认为其2002年5月-12月存在加班,没有法律依据。甲公司提供了崔某2003年1月至2008年4月工资汇总单,具备小时工资、当月总工时、节日补贴、其他补贴、超时补贴、现金补贴、保险扣除、税后工资等项目,崔某对工资汇总单表示认可。但双方对节日补贴、超时补贴的解释不同,甲公司称节日补贴及超时补贴支付的就是法定节假日和平时及休息日加班的加班工资,数额也完全是按照国家规定的标准计算出来的,只是没有称之为加班工资,而崔某认为节日补贴及超时补贴就是补贴,不是加班工资。甲公司提供的工资汇总表显示,2002年5月至2008年4月崔某有35个月存在加班情况,甲公司支付的节日补贴及超时补贴数额完全符合法律法规关于加班工资的计算标准。综合考虑该案的情况,加之甲公司大多数员工对节日补贴及超时补贴的理解,我们认为甲公司在加班工资支付问题上并没有对崔某造成实际侵害,所以认定甲公司不存在拒不支付加班工资的违法行为。但对于甲公司工资支付项目不规范的作法提出建议,建议其按照法律、法规明确的项目去完善公司的工资支付制度,以免造成员工的误解。

法律链接

《关于职工全年月平均工作时间和工资折算问题的通知》(劳社部发〔2000〕8号)

根据《全国年节及纪念日放假办法》(国务院令第270号)规定,全体公民的节日假期由原来的7天改为10天。据此,职工全年月平均工作天数和工作时间分别调整为20.92天和167.4小时,职工的日工资和小时工资按此进行折算。

《北京市工资支付规定》

第十四条 用人单位依法安排劳动者在标准工作时间以外工作的,应当按照下列标准支付劳动者加班工资:

(一)在日标准工作时间以外延长工作时间的,按照不低于小时工资基数的150%支付加班工资;

……

(三)在法定休假日工作的,应当按照不低于日或者小时工资基数的300%支付加班工资。

第十六条 用人单位经批准实行综合计算工时工作制的,在综合计算工时周期内,用人单位应当按照劳动者实际工作时间计算其工资;劳动者总实际工作时间超过总标准工作时间的部分,视为延长工作时间,应当按照本规定第十四条第(一)项的规定支付加班工资;安排劳动者在法定休假日工作的,应当按照本规定第十四条第(三)项的规定支付加班工资。

第四十四条 根据本规定第十四条计算加班工资的日或者小时工资基数、根据第十九条支付劳动者休假期间工资,以及根据第二十三条第一款支付劳动者产假、计划生育手术假期间工资,应当按照下列原则确定:

(一)按照劳动合同约定的劳动者本人工资标准确定;

……

(北京市劳动监察大队选送)

处理工资问题要精算

要点提示

确保程序合法是行政执法行为合法性的重要前提。随着国家法律制度逐渐完善,公民法律意识不断提高,社会各界对行政执法的要求也越来越高。只要劳动监察部门在作出具体行政行为时严谨细致,确保程序合法、证据充分、事实清楚、适用法律正确,就能有效维护用人单位和劳动者双方的权益,实现具体行政行为合法。本案的难点在于:投诉涉及最低工资、法定假日、丧假和病假工资多项内容,时间跨度较长,标准变化大。监察员合理采信双方证据,确保计算准确、执法程序合法,复议和诉讼均维持了劳动监察部门处理意见。

案情简介

2008 年 9 月 19 日,卢某投诉某焊业有限公司:

1. 要求支付 2006 年 11 月至 2008 年 5 月低于最低工资标准部分;

2. 要求支付 2008 年 6 月 1 日至 18 日出勤 6.5 天、法定假 1 天、丧假 3 天、病假 6 天工资。

经查证:焊业有限公司在 2006 年 11、12 月支付卢某的工资低于最低工资标准,差额分别是:45.63 元、153.6 元,合计:199.23元。卢某投诉拖欠其2008年6月份工资的情况不属实,该公司已将卢某2008年6月份的工资表做好,但卢某未去公司领取。

针对焊业有限公司2006年11、12月支付卢某的工资低于最低工资标准这一违法事项,监察员当时对该公司下达了《责令(限期)改正通知书》责令该公司于2008年11月15日前支付投诉人卢某2006年11、12月份低于最低工资标准部分的工资。

2008年11月5日监察员又对投诉人卢某进行了调查询问。投诉人卢某称2006年11月至2008年5月每个月公司支付其工资都低于最低工资标准,具体每月差多少不清楚,总数也不清楚。2008年6月1日至18日工资的具体数额也不清楚,只称按公司的规定进行结算即可。但卢某不能提供焊业有限公司2006年11月至2008年5月支付其工资低于最低工资标准和拖欠其2008年6月1日至18日工资的相关证据材料。

2008年11月10日,劳动监察大队向投诉人卢某送达了《处理意见告知书》。告知卢某:一、某焊业有限公司在2006年11月和12月支付其工资低于最低工资标准,差额金额为199.23元。我机关已责令单位依法支付,单位也同意支付。二、焊业有限公司不存在拖欠2008年6月1日至18日工资问题,公司已将2008年6月1日至17日的工资表制作完毕,但你本人一直未去领取。

2008年11月16日,焊业有限公司向我局报送了《关于卢某工资低于最低工资标准的整改报告及情况说明》。《说明》中称:公司已通知卢某来领 2006 年 11 月、12 月低于最低工资差额部分和 2008 年 6 月份的工资,但卢某至今未来公司领取,卢某什么时间来我公司领取,我公司将随时支付。

2008 年 11 月 25 日,劳动监察大队对此投诉案进行了结案存档。

卢某不服劳动监察大队 2008 年 11 月 10 日做出的《处理意见告知书》,于 2009 年 1 月 6 日向市局申请行政复议,称该《处理意见告知书》与事实不符。经审理,市局认定区劳动监察大队就卢某投诉事项做出的《处理意告知书》,认定事实清楚,适用法律正确,符合法定程序,并无不当,维持了做出的具体行政行为。

卢某于 2009 年 3 月 17 日向区人民法院提起行政诉讼,不服《处理意见告知书》,要求法院给予驳回。2009 年 5 月 8 日,区人民法院经公开审理作出判决:被告作出《处理意见告知书》前,履行了投诉登记、立案、调查取证、告知、送达等程序,符合相关法律规定,其执法程序合法。被告于 2008 年 11 月 10 日对卢某作出的《处理意见告知书》合法,给予维持。原告卢某以被告认定事实不清为由要求撤销被告作出的该《处理意见告知书》,未提出充分证据证明其主张,法院不予支持。

卢某未提起上诉。

案件评析

本案经历行政复议和行政诉讼最终获胜,关键是劳动监察员在办案中做到了认真、细致、准确、全面,确保了具体行政行为的实体和程序合法。本案中突出体现了以下特征:

1. 调查取证客观全面

劳动监察执法工作,必须以事实为依据,以法律为准绳。案件的事实是由证据来支撑和证明的。行政执法中所称证据,是指行政执法人员依照法定程序收集的,或者由当事人提供并经行政执法人员确认的,通过法定形式表现的证明案件真实情况的一切事实。证据是处理各种案件的根本依据,树立正确的证据理念是行政执法工作的关键。不但要取得用人单位的证据材料,还要取得投诉人的证据材料,并作好相关的调查笔录。牢记证据的合法性、客观性、关联性,切实做到证据真实、客观、合法、充分,通过书面证据材料把这些事实充分、完整地呈现出来,让双方对证据材料提不出异议。该案的关键就是:一方面监察员全面、客观、真实的取得了用人单位全部证据材料,按相关法律规定计算出了低于最低工资的差额;另一方面对投诉人也进行了调查取证,投诉人未提出相关的证据材料,最后以用人单位提供的证据材料计算出了最低差额。

2. 办案程序环环相扣

众所周知,衡量行政执法行为和执法质量的标准,除了事实清楚、证据确凿充分、定性准确、处罚适当外,还有一个就是程序合法。严格遵守办案时限,没有程序保障,就不会有真正的公正。合法的程序是实体公正的重要保障,有利于防止执法者滥用权力,有利于保护双方当事人的合法权益,有利于降低行政复议、行政诉讼的可能性,即使发生行政复议、行政诉讼也能胜算在手。因此在执法中,要强化程序理念和办案时限,避免行政执法过程以及结果的违法。本案中,监察员严格按照劳动监察投诉案件投诉登记、立案、调查取证、告知、送达、结案的执法程序,在规定办案时限内结案,符合相关法律规定,确保了复议、诉讼的获胜。

3.适用法律具体,计算金额准确

以法律法规为准绳是执法的原则,若行政机关作出的具体行政行为适用法律法规错误,则其具体行政行为必然不合法,到了复议、诉讼阶段肯定会被上级行政机关或人民法院撤销。行政机关在执法中,所涉及的人力社保方面的法律、法规和规章较多,有国家法律、国务院法规、部委规章、地方法规及业务部门规范性文件等,而且,随着时间的推移还在不断的更新,各项待遇标准随社会发展变化也比较快,具体的条款都需要深刻的理解。尤其是涉及拖欠工资、最低工资差额、加班工资、节假日工资、延长工作时间等,多要求监察员要进行准确的计算。适用法律具体、计算准确才能作出合法的具体行政行为。本案中,监察员准确的计算出了投诉人卢某从 2006 年 11 月至 2008 年 5 月低于最低工资标准部分,确保了行政执法行为的合法性。

行政执法是一项艰苦而细致的工作,在行政执法过程中要注意每一细节,强化证据意识,重视程序公正,注重办案时限,准确适用法律,规范文书制作,以力求做到严格规范执法,切实做到依法行政。

法律链接

《劳动合同法》

第八十五条　用人单位有下列情形之一的,由劳动行政部门责令限期支付劳动报酬、加班费或者经济补偿;劳动报酬低于当地最低工资标准的,应当支付其差额部分;逾期不支付的,责令用人单位按应付金额百分之五十以上百分之一百以下的标准向劳动者加付赔偿金:

(一)未按照劳动合同的约定或者国家规定及时足额支付劳动者劳动报酬的;

(二)低于当地最低工资标准支付劳动者工资的;

(三)安排加班不支付加班费的;

(四)解除或者终止劳动合同,未依照本法规定向劳动者支付经济补偿的。

《关于实施〈劳动保障监察条例〉若干规定》

第三十八条　劳动保障监察限期整改指令书、劳动保障行政处理决定书、劳动保障行政处罚决定书应当在宣告后当场交付当事人;当事人不在场的,劳动保障行政部门应当在7日内依照《中华人民共和国民事诉讼法》的有关规定,将劳动保障监察限期整改指令书、劳动保障行政处理决定书、劳动保障行政处罚决定书送达当事人。

《最低工资规定》

第十二条 在劳动者提供正常劳动的情况下,用人单位应支付给劳动者的工资在剔除下列各项以后,不得低于当地最低工资标准:

(一)延长工作时间工资;

(二)中班、夜班、高温、低温、井下、有毒有害等特殊工作环境、条件下的津贴;

(三)法律、法规和国家规定的劳动者福利待遇等。

实行计件工资或提成工资等工资形式的用人单位,在科学合理的劳动定额基础上,其支付劳动者的工资不得低于相应的最低工资标准。

劳动者由于本人原因造成在法定工作时间内或依法签订的劳动合同约定的工作时间内未提供正常劳动的,不适用于本条规定。

《关于调整北京市最低工资标准的通知》(京劳社资发〔2006〕93号)

一、我市最低工资标准由每小时不低于3.47元、每月不低于580元,提高到每小时不低于3.82元、每月不低于640元。

四、本通知自2006年7月1日起执行。

《关于调整北京市最低工资标准的通知》(京劳社资发〔2007〕111号)

一、我市最低工资标准由每小时不低于3.82元、每月不低于640元,提高到每小时不低于4.36元、每月不低于

730 元。

六、本通知自 2007 年 7 月 1 日起执行。

《关于调整北京市最低工资标准的通知》(京劳社资发〔2008〕12 号)

一、我市最低工资标准由每小时不低于 4.36 元、每月不低于 730 元,提高到每小时不低于 4.6 元、每月不低于 800 元。

六、本通知自 2008 年 7 月 1 日起执行。

《北京市工资支付规定》

第四十条　本规定所称工资是指用人单位以货币形式支付给劳动者的劳动报酬,包括计时工资、计件工资、奖金、津贴和补贴、加班工资以及特殊情况下支付的工资等。

(北京市怀柔区劳动监察大队选送)

查明事实　依法维护劳动者的合法权益

要点提示

证据是行政执法案件中的核心问题,是查明案件事实的唯一手段,是作出正确处理的前提和基础。真实的证据,能够最大限度地使案件事实还原为客观事实。本案通过笔迹鉴定的手段,对用人单位提供的证据材料依法进行了司法鉴定,查明了事实,维护了法律的尊严。

案情简介

2008年2月,孙某到劳动监察机构投诉,反映北京某会计代理事务所(以下简称事务所)拖欠其2006年12月至2007年1月13日的工资,请求劳动行政部门依法查处,为自己讨回工资。接到投诉后经批准立案调查。

劳动监察员对事务所的法定代表人做了询问调查。通过了解得知,孙某从2006年7月23日至2007年1月10日期间就职于事务所,未签订劳动合同,一切都是口头约定。双方约定月工资标准为基本工资1500元,另加业绩加提成和交通补贴。事务所每月15日发放上月工资。2007年1月10日,孙某因家人病危,提出辞职,并要求付清工资。事务所考虑情况特殊,事发突然,于2007年1月10日以支付孙某探家费暂借款为名,预支给孙某工资2000

元。如果说欠他的工资，也只是529元的差额。法定代表人提供了应付孙某工资的工资单（孙某2006年12月份工资为2033元，2007年1月份工资为496元），孙某预支工资的凭证，确有孙某本人签字。

如此，好像事务所只欠孙某应发工资的差额，而非像孙某投诉的情况。难道是孙某故意隐瞒了这一事实？这倒引起监察员的警觉，非要探个究竟，查清事实。

次日，执法人员对投诉人孙某进行了询问，让孙某仔细回忆当时的情况，是否已经签字领取了2000元的工资。孙某称：曾经去事务所讨要工资时，他们（指事务所办事人员）向我出示了那张"预支工资"的票据，并签有我的名字，但那不是我自己签的字。

事务所与孙某就"预支工资"凭证上的签字各执一词。为查明事实，确定事务所提供证据材料的真实性，劳动行政部门依法委托司法鉴定中心就"预支工资"凭证中孙某的签字进行笔迹鉴定。经司法鉴定中心鉴定，事务所提供的"预支工资"凭证中孙某签名同孙某提供给鉴定中心的签名不是同一人书写，并出具了司法鉴定结论书。

事务所在司法鉴定中心的鉴定结论面前，不得不承认拖欠孙某2006年12月至2007年1月10日工资共计2529元。事务所的这一行为违反了《劳动法》第五十条的规定，属于违法行为。劳动保障行政部门在查明事实的基础上，依据《劳动保障监察条例》第二十六条的规定，对事务所"无故拖欠劳动者的工资"的行为，依法下达了《责令（限期)改正通知书》,要求事务所立即支付拖欠孙某的工资2529元。事务所在限期内按时支付孙某工资2529元。

对北京某会计代理事务所隐瞒事实真相、出具伪证的违法行为,构成了《劳动保障监察条例》第三十条第一款第二项所描述的情形,属于违法行为,劳动行政部门将另案处理。

案件评析

在本案的调查取证过程中,孙某不承认事务所提供的"预支工资"凭证上的签字是其本人所为,这样对事务所提供的证据材料的真实性提出质疑,为查清事实,劳动保障行政部门采取了到司法鉴定中心进行笔迹鉴定的方法,来确定这份证据的真实性,从而最大限度地保证案件的正确处理。

证据是维护行政机关依法行政的基石。在劳动监察执法实践中,保证事实清楚,证据确凿,是我们处理违法行为的前提条件。因此,证据的真实性就显得尤为重要。本案通过笔迹鉴定,推翻了事务所出具的伪证,确认了事务所无故拖欠工资的违法行为,并依法要求事务所承担了相应的法律责任,维护了劳动者的合法权益。

法律链接

《劳动法》

第五十条 工资应当以货币形式按月支付给劳动者本人。不得克扣或者无故拖欠劳动者的工资。

《劳动保障监察条例》

第二十六条　第一款第(一)项用人单位有下列行为之一的,由劳动保障行政部门分别责令限期支付劳动者的工资报酬、劳动者工资低于当地最低工资标准的差额或者解除劳动合同的经济补偿;逾期不支付的,责令用人单位按照应付金额50%以上1倍以下的标准计算,向劳动者加付赔偿金:(一)克扣或者无故拖欠劳动者工资报酬的;

第三十条　第一款第(二)项 有下列行为之一的,由劳动保障行政部门责令改正;对有第(一)项、第(二)项或者第(三)项规定的行为的,处2000元以上2万元以下的罚款:(二)不按照劳动保障行政部门的要求报送书面材料,隐瞒事实真相,出具伪证或者隐匿、毁灭证据的。

(北京市朝阳区劳动监察大队选送)

深入调查　精准执法

要点提示

劳动监察活动离不开对劳动监察对象的调查工作,调查工作是劳动监察程序中的一个重要环节。劳动监察执法是否精准、公正、规范、有效和有力,取决于对案件本身的调查结果是否客观、真实和准确。深入做好劳动监察的调查工作,不仅是对个案本身的需要,也是劳动监察的基本要求。在深入调查的基础上依法断案才能使劳动监察工作精准、公正,有效查处和减少用人单位侵害劳动者合法权益的行为,切实维护广大劳动者的合法权益。

案情简介

2009年9月9日,劳动者张某到某区人力社保局投诉某驾校2008年以来未与其签订劳动合同,经常加班却未支付其加班工资,要求驾校向其支付未签订劳动合同的二倍工资和2008年以来被拖欠的加班费。

通过现场调查,查明:驾校确实未与张某签订劳动合同,但驾校提供了一份2007年与张某签订的《司机聘用协议》。该《司机聘用协议》对张某的工资待遇、工作地点、聘用期限、工作时间等事项进行了约定,《司机聘用协议》具有劳动合同的一些必备条款,张某也认可其签字是本人所为。最终认定《司机聘用协议》属于不规范的劳动合同。因此,张某关于驾校未与其签订劳动合同,要求支付其二倍工资的请求不予支持。

关于加班费问题,张某提供了大量学员学车预约单,以证明其所提供的加班情况属实。劳动监察大队通过调查了解到,驾校在教授学员学车中采取的是业界普遍实行的教练员教车预约制度,即驾校在一段时间内根据学员的学车预约制定出一份教练员教车计划,驾校根据这份计划时间表向每个教练员下达教车预约单。但这只是一个大概的时间安排,通常还要根据学员实际情况的变化而调整,因此,该预约单并不能完全反映当时教练员教车的真实情况。为了证明这一点,驾校提供了与张某提供的预约单加班时间相对应的当地车管所数据库中张某所驾车辆的学员学车情况部分记录,证明该时间与张某提供的时间有很多不符之处,但不否认驾校确实存在未支付张某加班工资的问题。经过对其他教练员的调查了解,证实驾校关于预约单情况说明的真实性。

与此同时,驾校还提供了 2008 年 7 月 1 日后由当地劳动行政部门审批的综合计算工时工作制的行政许可审批表,证明驾校的教练员岗位在 2008 年 7 月 1 日以后实行的是综合计算工时工作制,且报送的考勤显示平均日工作时间和平均周工作时间与法定标准工作时间相同,这证据与投诉人核实予以认可。

该投诉争议的焦点主要集中在 2008 年 7 月 1 日以前,

由于时间跨度比较大,取证比较困难,仅就现有的证据很难核实张某加班的具体时间和数额。按照一般做法,可以建议双方就具体时间和数额进行协商,拿出一个双方都认可方案。但是,监察大队认为,处理劳动违法案件不能仅图省事,应本着公正、公开、高效、便民的原则,还双方当事人一个公道评判,才是劳动监察执法的目的所在。为此,监察员展开深入调查,并从当地车管所数据库中将张某教车的具体时间一一调出,一点点的核对,终于查出了有关张某教车的全部记录,计算出加班工资数额并据此责令驾校对所欠张某的加班费给予补发。

案件评析

接受劳动者对用人单位侵犯其劳动保障权益的投诉,就此进行调查并作出行政处理决定,是劳动监察机构的职责。开展劳动监察活动,必须依法行政,以事实为根据,以法律为准绳。在正确理解、把握和运用人力社保法律、法规和规章的同时,开展深入细致的案件调查工作,是精准办案、规范执法的重要保障。一般的调查、流于形式的调查,不可能深入到案件的实质部分,揭示出事物的本来面目,导致对案件的处理出现偏差,有时可能还会得出相反的结论。只有深入调查才可能揭示出事物的本质,这样才能使当事人双方对执法结果心悦诚服,更好地维护劳动者以及用人单位的合法权益;从而也就维护了劳动监察的威严,真正实现劳动监察行为规范、监察有效、保障有力的目标。

本案中,劳动监察员把深入调查作为劳动监察工作的一个重要环节,给予足够重视,端正作风,不满足于一般性的发出指令,简单的查看材料。本案中的调查突出体现了如下特征:

一、就案件本身展开深入调查

本案中驾校不否认有加班行为,但就加班具体时间和数量双方存在争议。对此驾校的解释是,驾校虽然给投诉人开出了预约单,但其充其量也只是一种预约行为,并非是已经发生了的事实。预约与事实之间会有一个期间,在此期间中学员的上车时间并不是一成不变的,有些学员虽然事前与驾校预约了上车时间,但到时候不能如期履约也是常有的事。在事实未发生之前所有预约行为都处在一种不确定状态。因此,以预约单作为加班的依据是不真实、不客观的,据此认定加班的时间,对驾校也是不公平的,双方当事人也没有就此事进行私下和解意向。

那么怎样才能解决好双方的这种争执,在处理结果上使双方当事人都能够感到满意?按照一般做法,监察员可以从当地车管所的数据库中将投诉人一定时间段的出车记录调出,再以此为依据估算出一个平均数额,推算出投诉人的整个加班时间。这种做法既省事,对双方当事人也能有个基本的交代,不失为一个比较好的选择,缺点是并不能做到使双方当事人都感到完全满意。要想给双方一个都能满意的处理结果,查明投诉人真实的加班情况,就案件本身展开深入的调查,就成了解决本案问题的关键。

但是,鉴于投诉人手持大量预约单,时间跨度长达6个月之久,要想弄清投诉人的具体加班时间并以此确定加班工资的具体数额谈何容易?为此,监察员从当地车管所数据库中将与投诉人有关的教车记录一一调出,再一一与投诉人的预约单核对,历时十天时间,工作量浩繁,终于查出了投诉人的准确加班时间。深入细致的调查在精准、公正的处理这一案件中发挥了关键作用。

二、以点带面,扩大调查范围

在本案中,投诉人的另一个主张是要求驾校支付其未签订劳动合同的二倍工资。对此,监察员深入用人单位实地展开调查,从现场实地了解到,驾校虽然没有按照劳动合同法的规定与投诉人签订劳动合同,但是却签订了一份《司机聘用协议》。《司机聘用协议》中明确约定有诸如工资待遇、工作地点、聘用期限、工作时间等权利、义务内容,其具有劳动合同的一些必备条款,但明显存在不规范的问题。

虽然没有支持投诉人二倍工资的请求,但办案人员并没有到此止步,而是以此案件为切入点,顺藤摸瓜,对驾校与其他人员签订劳动合同情况进行了全面调查和检查,从中查明驾校在2008年后与大部分员工签订了正规的劳动合同,但在2008年前与一小部分员工所签的也是一样的《司机聘用协议》。为了及时纠正这种不规范的做法,劳动监察大队立即向驾校下达了《责令(限期)改正通知书》,要求驾校在十个工作日内按照劳动合同法的规定与员工签订规范的劳动合同文本。十个工作日后,监察员对驾校的整改情况进行复核,确认驾校已经按照《责令(限期)改正通知书》的要求重新与员工签订了规范的劳动合同文本。

本案从个案反映出的问题揭示出问题存在的广度,以点带面,横向、纵向深入调查,即解决投诉问题又对企业存在其他违法或不规范问题进行查处,使执法检查更加有的放矢,检查也赋予深入调查以另一层重要的实质性含义。

法律连接

《劳动合同法》

第十条 建立劳动关系,应当订立书面劳动合同。

已建立劳动关系,未同时订立书面劳动合同的,应当自用工之日起一个月内订立书面劳动合同。

第十七条 劳动合同应当具备以下条款:

(一)用人单位的名称、住所和法定代表人或者主要负责人;

(二)劳动者的姓名、住址和居民身份证或者其他有效身份证件号码;

(三)劳动合同期限;

(四)工作内容和工作地点;

(五)工作时间和休息休假;

(六)劳动报酬;

(七)社会保险;

(八)劳动保护、劳动条件和职业危害防护;

(九)法律、法规规定应当纳入劳动合同的其他事项。

第十六条 劳动合同文本由用人单位和劳动者各执一份。

《北京市工资支付规定》

第十四条 用人单位依法安排劳动者在标准工作时间以外工作的,应当按照下列标准支付劳动者加班工资:

(一)在日标准工作时间以外延长工作时间的,按照不低于小时工资基数的150％支付加班工资;

(二)在休息日工作的,应当安排其同等时间的补休,不能安排补休的,按照不低于日或者小时工资基数的200％支付加班工资;

(三)在法定休假日工作的,应当按照不低于日或者小时工资基数的300％支付加班工资。

第十六条 用人单位经批准实行综合计算工时工作制的,在综合计算工时周期内,用人单位应当按照劳动者实际工作时间计算其工资;劳动者总实际工作时间超过总标准工作时间的部分,视为延长工作时间,应当按照本规定第十四条第(一)项的规定支付加班工资;安排劳动者在法定休假日工作的,应当按照本规定第十四条第(三)项的规定支付加班工资。

第三十一条 用人单位有下列情形之一的,劳动者有权向劳动保障部门举报,也可以依法申请调解、仲裁和提起诉讼:(四)拒不支付或者不按规定支付加班工资的;

《关于企业实行不定时工作制和综合计算工时工作制的审批办法》

第五条 企业对符合下列条件之一的职工,可实行综合计算工时工作制,即分别以周、月、季、年等为周期,综合计算工作时间,但其平均日工作时间和平均周工作时间应与法定标准工作时间基本相同。

北京市人民政府贯彻《国务院关于职工工作时间的规定》的通知

五、因工作性质、生产特点限制或者职责限制,不能实行每日工作 8 小时、每周工作 40 小时标准工时制度的个别单位,可按照本市有关规定,由主管部门提出意见,按隶属关系分别报经市(区、县)劳动局、人事局批准后,实行其他工作和休息办法。

《最高人民法院关于行政诉讼证据若干问题的规定》

第十三条 根据行政诉讼法第三十一条第一款第(四)项的规定,当事人向人民法院提供证人证言的,应当符合下列要求:

(一)写明证人的姓名、年龄、性别、职业、住址等基本情况;

(二)有证人的签名、不能签名的,应当以盖章等方式证明;

(三)注明出具日期;

(四)附有居民身份证复印件等证明证人身份的文件。

(北京市丰台区劳动监察大队选送)

个人骗取医疗保险待遇应承担法律责任

要点提示

这是一起典型的个人骗取社会医疗保险待遇的案件，在处理案件时，劳动监察部门层层深入，多方调查取证，对骗保行为人依法给予了处罚。

案情简介

某区医疗保险事务管理中心 2009 年 11 月在审核某单位报销医疗门诊专用收据中，发现该单位提交的在职男职工张某四张票据对应的费用明细为女病人早孕检查及人工流产的相关费用，涉嫌骗取医疗保险待遇的问题，某区医疗保险事务管理中心立即将此案件提请劳动监察大队查处。

在认真审核医疗保险事务管理中心移交相关材料后，初步发现张某存在骗取医疗保险待遇的行为。劳动监察大队依法立案调查。

劳动监察员首先对张某所在单位进行调查。在调查过程中，劳动监察员出示了张某提交的四张对应女病人早孕检查及人工流产的相关费用票据，请该单位进行辨认，单位认可张某提交的四张医疗费用票据是其向医疗保险事务管理中心提交的，但认为是在不知情的情况下提交的，由于没有按要求认真查看张某提交医疗费用票据，只对人名、日期、单据是否齐全、有无手册、上传标识和发生费用金额进行了审核其他没有细查,才导致此问题的发生。

　　劳动监察员又对张某作了调查,在调查过程中,张某承认四张医疗费用票据是其妻子以其本人名义看病后医院开具的医疗费用收据,与所在单位无关;由于自己对医疗保险规定的法律认识不强,导致犯下这种不该犯的错误,通过法律宣传,本人意识到了错误的严重性,并保证,今后不再会发生此类事情,本人愿接受相关处理。

　　经过缜密的调查,张某骗取社会保险待遇的事实清楚,证据确凿。张某上述行为已构成《北京市基本医疗保险规定》第六十二条第一款"参加医疗保险的个人弄虚作假骗取医疗保险待遇"的行为,属于违法行为。依据《北京市基本医疗保险规定》第六十二条第二款的规定,对张某处以人民币 1000 元的罚款,张某未提起行政复议和行政诉讼,按时缴纳了罚款。同时,该单位提交一份书面保证书,保证此问题以后不会再发生,并根据该单位有关规定对张某及负责人此项工作人员进行相应处理。

　　案件评析

　　这是一起典型的骗取社会保险待遇的案件,对骗保人实施行政处罚的目的,是对其违反人力社保法律法规行为的惩戒,它体现了法律法规的严肃性。

　　通过本案对骗取医疗保险待遇行政处罚案件的处理,我们从中深深体会到,在作出骗取医疗保险待遇行政处罚

决定时,应注意以下几点:

一是个人是骗取医疗保险待遇的违法嫌疑人,是违法主体;个人所在单位对个人骗取医疗保险待遇是否知情,是否合伙骗取医疗保险待遇,也是调查取证关键。因此对骗取医疗保险待遇案件的查处,不能孤立地只对个人作调查,同时也要对用人单位进行调查,以便确定责任主体;

二是案件事实清楚,证据必须充分确凿。本案个人所在单位认为是在不知情的情况下提交个人医疗费用的,并承认工作上有疏忽,没有细致审核;个人承认提交医疗费用票据是其妻子以其本人名义看病后医院开具的医疗费用收据,与所在单位无关,可以认为主体能够确定,单位无违法故意;

三是适用法律、法规要准确。本案是医疗保险事务管理中心在审核张某所在单位提交报销医疗门诊专用收据时发现的,张某还未造成医疗保险基金损失,依据《北京市基本医疗保险规定》第六十二条的规定,故对张某处以1000 元罚款。

法律链接

《北京市基本医疗保险规定》

第六十二条 参加医疗保险的个人弄虚作假骗取医疗保险待遇,或者转卖医疗保险基金报销的药品谋取不当利益,造成医疗保险基金损失的,由劳动保障行政部门责令退还,并对该个人处骗取医疗保险基金额 1 倍以上 3 倍以下罚款;情节严重构成犯罪的,依法追究刑事责任。

前款行为未造成医疗保险基金损失的,劳动保障行政部门可以对该个人处 1000 元以下罚款。

　　　　　　　　　　(北京市海淀区劳动监察大队选送)

浅谈综合计算工时制度引发的思考

要点提示

本案是查处某执行综合计算工时制度的用人单位,未按照法律法规要求支付延长劳动者工作时间的报酬,且针对该单位违法延长劳动者工作时间的行为,行政机关依法做出了行政处罚,案件焦点在于执行综合计算工时制度的用人单位,应该认真领悟综合计算工时制度的真正含义,准确把握安排职工加班时间的度和限。

案情简介

2008年3月初,某区劳动监察大队接到劳动者王某投诉,要求A企业支付其在该单位工作期间的加班工资。经立案调查,王某于2007年4月初到该单位从事中控室值班工作,A企业安排此岗位员工工作24小时休息48小时,2007年6月底王某离职,双方未签订劳动合同。在调查过程中,A企业出示了该岗位执行综合计算工时审批文书,批准以季度为综合计算周期,王某在该单位工作期间的考勤记录、工资发放表。A企业认为该岗位执行综合计算工时制度,在周期内企业可以根据自身生产经营特点,自主安排员工工作休息,且王某由于其个人原因离职,因此A企业不需要支付王某的加班工资。根据该单位提供的考勤表,显示王某与 A 企业存续劳动关系期间,实际工作时间共计 618 个小时,该季度法定标准工作时间为 496 小时,王某该季度实际工作时间超过法定标准工作时间 122 个小时,其中 16 个小时为法定节假日加班,A 企业未支付过王某加班工资。监察员对 A 企业下达了行政处理决定书,要求 A 企业支付王某工作期间 122 小时的加班工资共计 1484.25 元(王某工资标准为 1200 元/月,换算成小时工资标准为 7.17 元/小时,其中法定节假日加班 16 个小时按 300%工资标准支付,其余小时按 150%工资标准支付)。另外在该单位提供的考勤表中共有 6 人此季度加班时间累计超过 108 个小时(平均每月延长工作时间 36 小时以上)。据此劳动保障行政部门对 A 企业违反劳动保障法律、法规或者规章延长劳动者工作时间的行为给予警告、并罚款 1200 元(按照受侵害的劳动者每人 200 元的标准计算)。责令 A 企业 7 日内改正此违法行为。

案例评析

通过本案,以下几个方面值得探讨:

一、正确把握综合计算工时制度的度和限

综合计算工时制度是国家根据不同行业,不同企业的自身生产经营特点,制订的符合其行业用工管理特性的工时制度。国家在给企业提供便利的同时,同样强调了劳动者的合法权益不受侵犯。劳动部下发的《关于职工工作时间有关问题的复函》(劳部发〔1997〕271 号),对执行综合计算工时的用工单位提出了明确的要求。其中关于第五个问题的回复,对综合计算工时的本意进行了较为直接的阐述:"依据劳动部《关于企业实行不定时工作制和综合计算工时工作制的审批办法》第五条的规定,综合计算工时工作制采用的是以周、月、季、年等为周期综合计算工作时间,但其平均日工作时间和平均周工作时间应与法定标准工作时间基本相同。也就是说,在综合计算周期内,某一具体日(或周)的实际工作时间可以超过 8 小时(或 40 小时),但综合计算周期内的总实际工作时间不应超过总法定标准工作时间,超过部分应视为延长工作时间并按《劳动法》第四十四条第一款的规定支付工资报酬,其中法定休假日安排劳动者工作的,按《劳动法》第四十四条第三款的规定支付工资报酬。而且延长工作时间的小时数平均每月不得超过 36 小时。"目前很多用工单位普遍存在误区,认为综合计算工时制度是万能的,是挡箭牌,是护身符,只要审批了综合计算工时制度,企业就可以任意安排员工加班,还可不必支付加班工资,企业的人工成本大幅度降低,劳动者的合法权益遭到肆意践踏。但通过上文所述,如果用人单位对加班的度和限把握不准的话,必然会违反国家的法律、法规,违法行为的代价也必然是惨重的!

二、劳动者合法权益如何得到切实有效地保障

劳动者当前对工时制度方面的相关政策法规还不甚了解,尤其对执行非标准工时制度的相关规定知道的更是微乎其微。近两年来,劳动监察处理涉及加班工资的投诉举报案件数量不少,但被投诉主体能够按特殊工时制度规

定操作的却相当有限,用人单位申请特殊工时制度这种现象并不能说明企业的用工一定规范,有些企业更大程度上是为了无偿占有劳动者的加班所得。通过监察实践,我们认为实行综合计算工时制度的用人单位一般容易从以下两个方面对劳动者的合法权益造成侵害:1.综合计算周期内的总实际工作时间超过总法定标准工作时间,超过部分未按规定支付劳动报酬,个别企业还存在延长工作时间平均每月超过36小时的违法行为,严重侵害了劳动者的休息权;2.执行综合计算工时制的职工,综合计算工作时间的计算周期超过本人劳动合同尚未履行的时间。企业与职工终止、解除劳动合同时,其综合计算工作时间的计算周期尚未结束,对职工实际工作时间超过法定标准工作时间的部分,企业未按规定支付劳动报酬。本案中的违法情节便是文中提到的第一种情形。而在一些人员流动性较大的行业,例如餐饮、建筑领域内的用人单位往往会在第二个方面出现一些问题。执行综合计算工时制度的建筑、餐饮企业,由于其自身行业特点所致,安排员工加班加点已成为一种普遍现状。但大多数企业与劳动者签订短期劳动合同甚至不签合同,当劳动关系存续期间劳动者的工作时间远远超过法定标准工作时间,而在一个综合计算周期结束之前,用人单位却与劳动者解除了劳动关系,劳动者的合法权益自然很难得到保障。当这种情形出现时,用人单位极少主动提出支付劳动者加班期间的劳动报酬,而劳动者往往对用人单位解除劳动关系需支付经济补偿金,不签订劳动合同需支付双倍工资等相关政策法规比较清楚,而很少对关于综合计算工时方面侵害自身合法权益的问题,及时主张自己的权利。针对以上这些情况,应进一步加大宣传力度,对执行非标准工时制度的用人单位的员工给予重点指导,帮助劳动者增强自身维权意识的同时,更有力地对用人单位起到监督、促进的作用。

三、改进审批环节,加大监管力度。

作为人力社保行政部门,劳动监察部门加大对执行非标准工时制度用人单位的检查力度是责无旁贷的,找到一套针对此类企业行之有效的监管办法已迫在眉睫。但如果仅依靠劳动监察部门的日常巡查和查处举报、投诉案件是远远不够的,这种层次的监管可以说是有难度、无力度。究其原因主要有以下两个方面:

(一)某些行业自身生产经营特点与综合计算工时审批制度不配套,例如由于建筑行业工程项目的施工期普遍与工时计算周期不一致,且建筑行业同期施工的现象极为普遍,这样就造成工人在工时计算周期内在多个工程项目施工,工作岗位也不断变换。例如,在检查中,我们发现有的劳务分包企业以几个月为周期,在多个施工工地频繁调动工人,工人的正常休息时间根本无法得到应有保障,在检查中,执法人员很难掌握劳动者一个工时计算周期内全部的考勤记录,在取证环节上存在很大困难,那么如何“综合计算”也成为现实中的一大难题。

(二)现行综合工时审批制度程序过于简单,用人单位只需在注册地的人力社保行政部门进行综合计算工时制度审批,审批后该企业在对同岗位、同工种的工人都可以执行综合计算工时制度。而且现行综合工时审批制度并未实行实名制,在审批合格后执行周期内,企业可以根据自身生产经营特点的需要,自行调整该岗位、该工种的员工人数。在执行工时制度方面企业拥有很大的自由度,呈现出劳资双方的极度不平衡。目前政策法规并没有要求企业建立相关的登记存档制度,对于执行综合计算工时制度的人员变化情况,完全取决于企业自身经营行为,极不利于政府部门对其监管,劳动者的权益自然容易受到不同程度的侵害。例如建筑企业经常是在注册地审批,在异地(施工地)执行,导致审批与监管严重脱节,监管效果很难落实到实处。

综上所述,综合计算工时的真正意义在于方便企业生产经营的同时,也能够使劳动者的合法权益不受到侵害,而绝不能成为企业违法用工行为的护身符。因此,应该从审批环节上进行改进,进一步加大审核力度,逐步实行注册地与用工地双向复核制度,建立健全人员管理档案,采用实名制管理,对执行综合计算工时制度的用人单位,要求必须保留一个计算周期内的考勤记录,建立诚信资质,对发生违法行为的用人单位取消审批资格等等,只有采取这样的有效措施,才能从源头上杜绝违法行为的发生,确保劳动行政部门审批与监管的统一性,更好地维护劳动者的合法权益。

法律链接

《劳动法》

第四十一条　用人单位由于生产经营需要，经与工会和劳动者协商后可以延长工作时间，一般每日不得超过一小时；因特殊原因需要延长工作时间的，在保障劳动者身体健康的条件下延长工作时间每日不得超过三小时，但是每月不得超过三十六小时。

第四十三条　用人单位不得违反本法规定延长劳动者的工作时间。

第九十条　用人单位违反本法规定，延长劳动者工作时间的，由劳动行政部门给予警告，责令改正，并可以处以罚款。

《劳动保障监察条例》

第二十五条　用人单位违反劳动保障法律、法规或者规章延长劳动者工作时间的，由劳动保障行政部门给予警告，责令限期改正，并可以按照受侵害的劳动者每人100元以上500元以下的标准计算，处以罚款。

《国务院关于职工工作时间的规定》

第三条　职工每日工作8小时、每周工作40小时。

《关于职工工作时间有关问题的复函》（劳部发〔1997〕271号）依据劳动部《关于企业实行不定时工作制和综合计算工时工作制的审批办法》第五条的规定，综合计算工时工作制采用的是以周、月、季、年等为周期综合计算工作时间，但其平均日工作时间和平均周工作时间应与法定标准工作时间基本相同。也就是说,在综合计算周期内,某一具体日(或周)的实际工作时间可以超过 8 小时(或 40 小时),但综合计算周期内的总实际工作时间不应超过总法定标准工作时间,超过部分应视为延长工作时间并按《劳动法》第四十四条第一款的规定支付工资报酬,其中法定休假日安排劳动者工作的,按《劳动法》第四十四条第三款的规定支付工资报酬。而且延长工作时间的小时数平均每月不得超过 36 小时。

(北京市西城区劳动监察大队选送)

超时加班必究

要点提示

如何认定用人单位安排劳动者的工作时间违反法律法规,在实际工作中要做到证据采集齐全、调查充分,事实清楚。

案情简介

2010 年 5 月 19 日,劳动监察大队对 A 公司遵守工作时间和休息休假规定的情况进行检查时,发现该单位在 2010 年 2 月份涉嫌违反劳动法规延长劳动者工作时间的问题,劳动监察员当即对该单位下发《调查询问书》。

经立案调查,查实 A 公司执行的工时制度为标准工时制度,根据《国务院关于职工工作时间的规定》第三条:"职工每日工作 8 小时,每周工作 40 小时。"的规定,按照标准工时计算,2010 年 2 月份的工作日应是 17 天,每天的工作时间为 8 小时,因此 2010 年 2 月份的标准工作时间是 136 小时,按照延长工作时间每月不得超过三十六小时计算,A 公司在 2010 年 2 月份安排劳动者工作时间不得超过 172 小时,实际 A 公司安排了劳动者刘某工作 207.5 小时,安排劳动者李某工作 193.5 小时。

A 公司的上述行为违反了《劳动法》第四十一条的规定。依据《劳动法》第四十三条和第九十条及《劳动保障监察条例》第二十五条的规定,某区人力资源和社会保障局对 A 公司实施了行政处罚。

案件评析

随着我国市场经济不断壮大,用人单位将更多的注意力趋向于经济利益,虽然社会整体法制观念在不断提高,严重的违法用工现象减少,但用人单位超时加班的行为还是时有发生。

本案要点是如何认定用人单位安排劳动者的工作时间违反法律法规。延时案件的办理,要求劳动监察员全面取证、缜密分析,只有充分的固化违法事实,才能依法对单位作出处理。

以下几点应该引起注意:

首先,在调查取证上应当做到全面取证。调查中应当至少要求单位提供考勤表、工资表、劳动合同。考勤表可以证明劳动者的出勤情况,工资表中的加班项可以反映出单位在当月存在安排劳动者延时工作的行为,劳动合同可以证明用人单位与劳动者约定的工时制度。对于有特殊工时审批的用人单位,应当要求单位提供。

其次,对劳动者的工作时间分步进行计算。

第一步,问清用人单位所执行的工时制度,是综合工时还是标准工时,因为计算二者超时的工作周期不同,只有准确计算出法定最长工作时间,才能够依法认定用人单位安排劳动者的工作时间是否违法。

第二步,问清用人单位每日的工作时间安排,以便根据单位提供的考勤,确定劳动者的工作时间。

第三步,问清用人单位考勤记录的含义,例如某单位在考勤中出现过以下符号:"○"、"×"等特殊符号,一定要在询问笔录当中问清这些特殊符号的含义,以便确认劳动者的实际工作天数,计算劳动者的累积工作时间。

第四步,准确计算法定最长工作时间,关键点在于理清当月的工作日。以本案中为例,2010 年 2 月份存在法定节假日(春节),在计算工作日的时候应当扣除 3 天(春节与星期六、日重合,按规定顺延 2 日),因此当月的工作日为 17 天。如果遗漏了春节这三天的法定节假日,那么很有可能发现不出用人单位违法延长工作时间的行为。

最后,要求用人单位确认劳动者的工作时间。在劳动监察员计算出劳动者的工作时间后应当要求单位进行确认,看似该步骤并非关键,但笔者认为此举有两点好处,第一,固化用人单位的违法事实,第二,减少用人单位对劳动监察的质疑,从而起到降低行政风险的效果。

法律链接

《国务院关于职工工作时间的规定》

第三条 职工每日工作 8 小时,每周工作 40 小时。

《劳动法》

第四十一条 用人单位由于生产经营需要,经与工会和劳动者协商后可以延长工作时间,一般每日不得超过一小时;因特殊原因需要延长工作时间的,在保障劳动者身体健康的条件下延长工作时间每日不得超过三小时,但是每月不得超过三十六小时。

第四十三条 用人单位不得违反本法规定延长劳动者的工作时间。

第九十条 用人单位违反本法规定,延长劳动者工作时间的,由劳动保障行政部门给予警告,责令改正,并可以处以罚款。

《劳动保障监察条例》

第二十五条 用人单位违法劳动保障法律、法规或者延长劳动者工作时间的,由劳动保障行政部门给予警告,责令限期改正,并可以按照受侵害的劳动者每人100元以上500元以下的标准计算,处以罚款。

(北京市东城区劳动监察大队选送)

未经审批用人单位不得实行
综合计算工时制度

要点提示

　　本案是一起因用人单位未及时报批综合计算工时工作制,而导致违法延长劳动者工作时间,被行政机关依法给予处罚的案件。案件的焦点在于用人单位实行综合计算工时制度必须经过人力社保行政部门的审批,否则不得实行综合计算工时制度,已实行的部分应按照标准工作时间计算;用人单位即便可以执行综合计算工时制度,也应合理安排延长劳动者工作的时间。

案情简介

　　2008 年 3 月 6 日,某区劳动监察大队接到职工举报,反映 A 公司 2008 年 1 至 2 月份的工作时间太长,每天工作达 11 小时,且整月没有休息。

　　在调查过程中,监察员通过与 A 公司办公室主任王先生的谈话,了解到 A 公司是一家专门生产各种智能卡片的企业,职工 40 人,由于平时生产任务不均衡,一年中仅有四到五个月的生产任务,其余时间职工均处于放假状况。针对企业的这种工作情况,王先生称他们实行了综合计算工时制度,为的是可以在工作任务忙时多加点班,没有工作任务时放假休息。

当监察员问及 A 公司是否进行了综合计算工时审批时,王先生称他们 2006 年曾经审批过一次,期限为一年,审批到期后又于 2008 年审批了一次,具体时间记不清楚了;当问及 2008 年 1、2 月份的工作时间安排时,王先生称由于 2007 年 12 月底 A 公司接到一笔订单,交货时间很紧,为了能在规定交货时间内完成生产任务,A 公司作出了安排职工在 2008 年 1、2 月份延长工作时间的决定,具体是这样安排的:车间职工上午 8:00—12:00,下午 1:00—5:00,晚上 6:00—9:00,除元旦和春节四天法定假休息外,其他时间一律按此工作时间执行,加班工资按月支付。

监察员根据王先生的陈述如实制作了调查笔录,因为王先生不能现场提供有关材料,监察员依法向 A 公司发出了《调查询问书》。A 公司在规定时间内派王先生作为委托代理人到劳动监察大队接受了询问并按要求提供了职工名册、工资表、考勤表及劳动合同等相关材料。

监察员通过对 A 公司提供的各项材料的细致审查,确定 A 公司 2008 年 1 月 4 日至 2 月 28 日两月期间内共有 26 名职工每月的工作时间超过了法定工作时间 36 小时以上(月实际工作日数×8 小时＋36 小时);在核对 A 公司提供的两份综合计算工时审批表后,发现 A 公司第一次综合计算工时审批时间为 2006 年 10 月 18 日,审批期限为一年;第二次的审批时间为 2008 年 3 月 2 日,审批时限也是一年,通过两份工时审批可以确定,2007 年 10 月 19 日至

2008 年 3 月 1 日期间，A 公司是没有综合计算工时审批的。

虽然 A 公司与职工的劳动合同中约定了实行综合计算工时制度，但是依据《劳动法》第三十九条、《关于企业实行不定时工作制和综合计算工时工作制的审批办法》第七条以及《北京市企业实行综合计算工时工作制和不定时工作制的办法》第四条的规定，企业没有经过审批是不能实行综合计算工时工作制的，因此，A 公司 2008 年 1、2 月延长职工工作时间超过 36 小时的行为应视为违法延长职工工作时间。

对此，依据《劳动保障监察条例》第二十五条的规定，对 A 公司作出了警告和罚款 2600 元（按每人 100 元标准）的处罚决定。

案件评析

本案案情并不复杂，监察员在案件办理过程中能够做到调查认真、审核细致，用人单位也能够给予积极配合、真诚整改，这是本案得以快速处理，职工反映问题得以顺利解决的关键所在。但是通过本案，对于用人单位如何正确的执行综合计算工时制度，如何切实保障执行综合计算工时制度的劳动者的合法权益等问题仍需要我们进行认真的思考：

一、用人单位应当如何正确执行综合计算工时制度

首先，综合计算工时制度是针对因工作性质特殊，需连续作业或受季节及自然条件限制的企业部分职工，采用

以周、月、季、年等为周期综合计算工作时间的一种工时制度。究竟什么样的企业能够执行，企业中的哪些人员符合执行的条件，对于这些事项的审核工作是需要由人力社保行政部门来完成的，人力社保行政部门应当严格把好特殊工时制度审批的入口关，因为执行特殊工时制度会给企业带来很多便利和实惠。比如工作时间可以综合计算，可以将周六、日视为正常工作日，可以不执行每日或每月最长延长工作时间不超过 3 小时和 36 小时的规定；比如周期内累计工作时间超过法定标准工作时间的部分，除法定节假日外可以按照 150% 的比例支付加班工资等。一旦把关不严，就极易侵犯到劳动者的合法权益。

因此，对于企业执行综合计算工时制度的审批，我国在法律法规上给予了明确的规定。《劳动法》第三十九条规定，企业因生产特点不能实行本法第三十六条、第三十八条规定的，经劳动行政部门批准，可以实行其他工作和休息办法；《关于企业实行不定时工作制和综合计算工时工作制的审批办法》第七条规定，中央直属企业实行不定时工作制和综合计算工时工作制等其他工作和休息办法的，经国务院行业主管部门审核，报国务院劳动行政部门批准。地方企业实行不定时工作制和综合计算工时工作制等其他工作和休息办法的审批办法，由各省、自治区、直辖市人民政府劳动行政部门制定，报国务院劳动行政部门备案；《北京市企业实行综合计算工时工作制和不定时工作制的办法》第四条规定，企业确因生产经营特点和工作的特殊性不能实行每日工作 8 小时,每周工作 40 小时的,经申报、批准可以实行综合计算工时工作制或者不定时工作制等。

可见,未经审批的企业是不得实行综合计算工时制度的。

实践中,我们经常会碰到有些用人单位没有审批却打着综合计算工时制度的旗号,随意延长劳动者的工作时间,不按要求支付劳动者的加班工资;还有的企业认为只要在劳动合同中约定了实行综合计算工时制度就能够实行了,不需要经过审批,这些认识显然都是错误的,监察员在遇到类此情况时应当对企业予以纠正。

其次,执行综合计算工时制度并不代表可以任意延长劳动者的工作时间。根据《关于企业实行不定时工作制和综合计算工时工作制的审批办法》(劳部发〔1994〕503 号)第六条规定,对于实行不定时工作制和综合计算工时工作制等其他工作和休息办法的职工,企业应根据《中华人民共和国劳动法》第一章、第四章的有关规定,在保障职工身体健康并充分听取职工意见的基础上,采用集中工作、集中休息、轮休调休、弹性工作时间等适当方式,确保职工的休息休假权利和生产、工作任务的完成;《北京市企业实行综合计算工时工作制和不定时工作制的办法》第八条的规定,实行综合计算工时工作制的企业,在综合计算周期内,某一具体日(或周)的实际工作时间不应超过法定标准工作时间,超过部分应视为延长工作时间并按《劳动法》第四十四条第一款的规定支付劳动报酬,其中法定休假日安排职工工作的,按《劳动法》第四十四条第三款的规定支付职工工资报酬。企业延长工作时间平均每月不得超过 36 小时。

根据上述规定,用人单位应当正确领会综合计算工时的真正含义,准确把握延长劳动者工作时间的尺度,用人单位应当在职工综合计算周期届满时如实核对职工的工作时间,对于超出法定标准工时部分应按法律规定支付加班工资,只有这样用人单位才能避免侵犯职工的合法权益,否则必将为自己的违法行为付出惨痛的代价。

二、执行综合计算工时制度的劳动者应当如何正确维护自身合法权益

劳动者若要维护自身合法权益,首先要清楚相关法律法规的规定,要加强学习,清楚每一种工时制度的执行标准及加班工资支付规定。实践中,劳动者无论从时间上、精力上或是能力上,获取相关法律知识的水平还是相对有限的,大部分的劳动者都不清楚我国目前的工时制度有几种? 不清楚什么叫做综合计算工时工作制以及不定时工作制! 就更谈不到如何计算工作时间和加班工资了。因此,针对此情况,作为劳动监察部门,我们有责任加大相关法律法规的宣传力度,特别是对于执行特殊工时制度的劳动者应当给予特别指导,使其了解综合计算工时的相关规定,了解自己拥有的权利以及当合法权益受到侵害时可以采取的措施或通过何种救济渠道解决问题,从而提高劳动

者的维权意识,鼓励劳动者勇于对侵犯自身合法权益的行为说不。

三、劳动监察部门应当如何加强对执行综合计算工时制度的企业的监督检查力度

目前,劳动监察部门监督检查执行综合计算工时制度的企业的主要方式还是通过职工的投诉、举报。但就现实情况而言,对于众多的通过综合计算工时制度审批的企业以及没有经过审批违法执行综合计算工时制度的企业来说这种监督检查的力度还远远不够,劳动监察部门应当加强对执行特殊工时制度的企业的日常巡视检查、书面审查以及专项检查的力度,切实维护执行综合计算工时制度劳动者的合法权益,规范用人单位依法执行综合计算工时制度。

另外,对于执行综合计算工时制度的企业的监管仅仅依靠劳动监察部门的力量并不足以引起企业的重视,尤其针对一些管理不规范,材料保存不齐全的企业来说,监察员在案件办理过程中调查取证的难度大、处理耗费时间长、查处效果不明显。因此,多管齐下,齐抓共管,形成一套完整的监督制度是非常有必要的。

具体说来,首先,应当从特殊工时制度的审批程序入手,相关审批部门应当严格把好第一道关,对于不符合执行综合计算工时制度的企业一律不予批准实行。对于审批通过的企业应当要求其至少保留一个审批周期的考勤记录,便于劳动监察部门的调查、检查。而对于不按要求

执行综合计算工时制度的企业应当取消其审批资格,且在一定期限内不再允许其进行二次审批;其次,应当建立一套针对企业合法用工的信用信息系统,为企业建立诚信档案。对于规范用工、劳资关系和谐稳定的企业给予相关荣誉和褒奖,对于违反综合计算工时制度的企业依法予以纠正查处,并将违法记录登记在案或在相关新闻媒体上予以曝光,从而达到切实加强企业的自觉守法意识、从源头上杜绝违法行为发生的目的。

法律链接

《劳动法》

第四十一条 用人单位由于生产经营需要,经与工会和劳动者协商后可以延长工作时间,一般每日不得超过 1 小时;因特殊原因需要延长工作时间的,在保障劳动者身体健康的条件下延长工作时间每日不得超过 3 小时,但是每月不得超过 36 小时。

《劳动保障监察条例》

第二十五条 用人单位违反劳动保障法律、法规或者规章延长劳动者工作时间的,由劳动保障行政部门给予警告,责令限期改正,并可以按照受侵害的劳动者每人 100 元以上 500 元以下的标准计算,处以罚款。

《关于企业实行不定时工作制和综合计算工时工作制的审批办法》

第五条 企业对符合下列条件之一的职工,可实行综合计算工时工作制,即分别以周、月、季、年等为周期,综合计算工作时间,但其平均日工作时间和平均周工作时间应与法定标准工作时间基本相同。

《关于职工全年月平均工作时间和工资折算问题的通知》

第一条 制度工作时间的计算:

年工作日:365 天 – 104 天(休息日)– 11 天(法定节假日)= 250 天

季工作日:250 天 ÷ 4 季 = 62.5 天/季

月工作日:250 天 ÷ 12 月 = 20.83 天/月

工作小时数的计算:以月、季、年的工作日乘以每日的 8 小时。

《北京市企业实行综合计算工时工作制和不定时工作制的办法》

第七条 企业实行综合计算工时工作制,应分别以周、月、季、年为周期综合计算工作时间,但其平均日工作时间和平均周工作时间应与法定标准工作时间相同,即平均每日工作不超过 8 小时,平均每周工作不超过 40 小时。

对于从事第三级以上(含第三级)体力劳动强度工作的职工,每日连续工作时间不得超过 11 小时,每周至少休息 1 天。

第八条 实行综合计算工时工作制的企业,在综合计算周期内,某一具体日(或周)的实际工作时间可以超过 8 小时(或 40 小时),但综合计算周期内的总实际工作时间不应超过总法定标准工作时间,超过部分应视为延长工作时间并按《劳动法》第四十四条第一款的规定支付劳动报酬,其中法定休假日安排职工工作的,按《劳动法》第四十四条第三款的规定支付职工工资报酬。企业延长工作时间平均每月不得超过 36 小时。

第九条 实行综合计算工时工作制的职工,综合计算工作时间的计算周期不得超过本人劳动合同尚未履行的时间。如果企业与职工终止、解除劳动合同时,其综合计算工作时间的计算周期尚未结束的,对职工的实际工作时间超过法定标准工作时间的部分,企业应按《劳动法》第四十四条第二款的规定支付劳动报酬。

(北京市怀柔区劳动监察大队选送)

这个企业被罚得冤不冤

要点提示

本案是查处用人单位违法制订内部规章制度,克扣劳动者工资行为引发的行政处罚案件。重点是用人单位内部规章制度是否依法制订。经劳动行政部门对用人单位作出责令改正,行政处罚后,用人单位修改了规章制度,支付了劳动者工资。

案情简介

2009年8月2日李某通过朋友介绍被某餐饮公司录用为前厅服务员,当日双方口头约定,李某月薪900元,工作第一周为试工期。2009年8月7日李某因工作中与同事发生口角,提出辞职,要求餐饮公司结算工资。该餐饮公司根据其内部劳动规章制度第十条"试工期不满,员工提出辞职的,前三天不支付工资"规定,结算了李某后三天工资125元。李某认为该餐饮公司侵害其合法权益,2009年8月9日向当地劳动监察机构投诉其内部劳动规章制度违法,要求支付前三天工资125元。劳动监察机构依法予以立案处理。

劳动监察机构受理投诉后,及时向该餐饮公司调查了解情况,调阅内部劳动规章制度材料,发现投诉人反映情况属实。该单位的做法已违反《劳动合同法》第四条"用人单位应当依法建立和完善劳动规章制度,保障劳动者享有劳动权利、履行劳动义务"和《劳动法》第五十条"工资应当以货币形式按月支付给劳动者本人。不得克扣或者无故拖欠劳动者的工资",依据《劳动合同法》第八十条"用人单位直接涉及劳动者切身利益的规章制度违反法律、法规规定的,由劳动行政部门责令改正,给予警告;给劳动者造成损害的,应当承担赔偿责任",劳动监察机构对该单位作出了给予警告的行政处罚,下达了《责令(限期)改正指令书》,责令该单位五日内支付李某 2009 年 8 月 2 日至 2009 年 8 月 4 日工资 125 元,并修改内部劳动规章制度该条款。该单位接受警告的行政处罚,修改了内部劳动规章制度,2 天后支付了李某工资 125 元。

案例评析

本案发生在《劳动合同法》实施后,涉及的问题是企业内部制定的规章制度是否随意自行制定。因此在此案处理中,劳动监察机构依据《劳动法》、《劳动合同法》认定该单位属于克扣工资行为,作出了相应的处理,维护了当事人的合法权益。

根据《劳动合同法》第四条规定"用人单位在制定、修改或者决定有关劳动报酬、工作时间、休息休假、劳动安全卫生、保险福利、职工培训、劳动纪律以及劳动定额管理等直接涉及劳动者切身利益的规章制度或者重大事项时,应当经职工代表大会或者全体职工讨论,提出方案和意见,与工会或者职工代表平等协商确定。在规章制度和重大事项决定实施过程中,工会或者职工认为不适当的,有权向用人单位提出,通过协商予以修改完善。用人单位应当将直接涉及劳动者切身利益的规章制度和重大事项决定公示,或者告知。"企业应当依法建立和完善规章制度,并应协商确定后告知劳动者,不可随意制定。

在调查中,执法人员了解到该单位内部劳动规章制度第十条"试工期不满,员工提出辞职的,前三天不支付工资"规定,实际上是针对试工期员工未依法提前三天提出辞职的惩戒性条款,该单位原以为是正确的、合法的,但在制定规章制度时,未明确表述本意,造成侵害劳动者合法权益的行为发生。通过对本案的处理,加强了企业的内部管理,也对劳动保障行政部门在执行新法时,提出了更高的要求。

法律链接

《劳动合同法》

第四条 用人单位应当依法建立和完善劳动规章制度,保障劳动者享有劳动权利、履行劳动义务。

第八十条 用人单位直接涉及劳动者切身利益的规章制度违反法律、法规规定的,由劳动行政部门责令改正,给予警告;给劳动者造成损害的,应当承担赔偿责任。

《劳动法》

第五十条 工资应当以货币形式按月支付给劳动者本人。不得克扣或者无故拖欠劳动者的工资。

(北京市西城区劳动监察大队选送)

依制管理　规范用工

要点提示

本案中,用人单位依据劳动规章制度扣发劳动者工资,但该制度不仅制定程序缺失,且未向全体职工履行告知义务。劳动监察机构通过深入调查,认定用人单位存在克扣劳动者工资、劳动规章制度未依法建立、违法解除劳动合同等违法行为,而后因用人单位拒不改正违法行为,劳动监察机构相继施行了行政处理及行政处罚,切实维护了劳动者的合法权益。

案情简介

2010 年 1 月 11 日,王某到劳动监察机构投诉某 IT 公司拖欠其工资。王某称,他于 2009 年 12 月 10 日到被投诉单位就职,双方于当日订立书面劳动合同并约定月工资标准为 4000 元。工作至第 15 个工作日时,因其与同事在办公场所发生言语冲突,单位随即以其影响正常工作秩序为由单方解除劳动合同。结算工资时,被投诉单位按 30 天的计薪天数计算出王某的工资为 2000 元,在扣发其因与同事发生言语冲突的罚款 500 元后,实际支付王某劳动报酬共计 1500 元。

2010 年 1 月 12 日,劳动监察机构依法立案,并于 2010

年 1 月 13 日向被投诉单位送达《调查询问书》。

经调查,王某在被投诉单位实际工作 15 个工作日,月薪 4000 元。根据《关于职工全年月平均工作时间和工资折算问题的通知》(劳社部发〔2008〕3 号),实际工资应按月计薪天数 21.75 天计算,王某应得工资为 2758.6 元。

因王某与同事在办公场所发生言语冲突,被投诉单位认为应从经济上予以惩戒,为此在支付王某工资时扣发了 500 元。在调查过程中,被投诉单位提供了自称是 2008 年 1 月制定的一份劳动规章制度,规定员工在工作中与同事发生争执,属于损害公司形象行为,公司可以根据情形的严重程度扣发相应工资,该制度已口头向全体职工告知。但调查发现,该制度中并未就王某行为作出明确文字规定,且不能证明该制度是依照《劳动合同法》第四条规定依法建立。

为确保证据调查的公正和准确,监察员根据该公司部门设置,分别对相关部门的职工进行现场调查,被调查工作人员均对职工之间发生言语冲突需扣发工资一事不知情。因此,被投诉单位提交的劳动规章制度未被采纳,王某因与同事发生言语冲突被扣发工资 500 元明显没有法律依据。

综上所述,被投诉单位存在以下违法行为:一是扣发王某工资的行为,不符合原劳动部《工资支付暂行规定》第十五条规定情形,违反了《劳动法》第五十条及《劳动合同法》第三十条等规定;二是未依法建立劳动规章制度;三是违法解除劳动合同。

2010 年 1 月 18 日,劳动监察机构对上述违法行为分别作出如下处理:

1.对于克扣工资的违法行为,根据《劳动合同法》第八十五条第一款第一项的规定,责令被投诉单位限期支付单位克扣王某的工资报酬;

2.对于劳动规章制度违反《劳动合同法》第四条规定的违法行为,依据《劳动合同法》第八十条规定,责令被投诉单位限期依法制定并公示(告知)劳动规章制度;

3.针对王某不愿意继续在被投诉单位工作的实际情况,依据《劳动合同法》第四十八条、第八十七条规定,责令被投诉单位限期向王某支付违法解除劳动合同的赔偿金。

该单位拒绝改正其扣发工资的违法行为。经履行告知程序后,劳动监察机构依据《劳动合同法》第八十五条规定,对被投诉单位扣发王某工资一事作出行政处理决定,责令被投诉单位按应付金额的 50%标准加付赔偿金。与此同时,劳动保障监察机构也对被投诉单位责改不改的行为作出了相应的行政处罚。

在劳动监察员的耐心政策宣传和引导下,被投诉单位在规定时限内对本单位的劳动规章制度依法予以建立,同时,被投诉单位最终向王某支付了被扣发的工资、加付赔偿金及违法解除的赔偿金,并为王某开具了《解除劳动合同证明书》。案件圆满解决。

案件评析

在案件的处理时,不仅要重视搜集书面证据,更要注重对现有证据的核实与推敲。本案一方面全面核实了王某的入职时间、离职时间、离职原因、工资标准、工作时间与休息时间、扣发工资的事由及依据等,做到证据确凿;另一方面,深入查找被投诉单位违法用工的根源,从根本上规范和指导劳动用工行为、完善劳动用工体系。

在案件查处过程中,用人单位往往表现出先配合后抵触、反复推翻原调查结论等现象,因此,在注重证据的同时,案件办理思路和调查方式尤为关键,重点体现在三个方面:

1.熟知案情,明确思路。详细了解案情,制定调查思路是深入调查和做好笔录的重中之重。本案中,劳动监察员针对投诉人的诉求事项,通过先对该单位劳动用工行为进行全面检查的同时,有针对性地对投诉人所涉及的工作时间、工资标准等进行外围前期调查取证,细心分析证据中不能相互印证和违反常理的情况,善于发现其中疑点和问题,重点突破,有针对性地开展证据复查和处置等工作。

2.证据准确,客观公正。劳动监察员在完成对被投诉单位调查询问的同时,在前期调查事实固化的基础上,透过表象,深入用工一线对同岗位、其他部门同事等相关人员进行调查核实,综合判断被投诉单位提供证据的真伪,进一步增强证据效力,做到相关证据之间相互印证,存在合理,形成完整证据链,且调查结论是唯一的。

3.依法行政,注重教育。用人单位拒绝和阻挠劳动监察要依法承担相应的法律责任,本案中,由于被投诉单位没有按照劳动监察机构的责令改正要求进行整改,因此,劳动监察机构对其施行行政处罚是正确的。与此同时,劳动监察员并未简单地对被投诉单位进行处罚,而是始终坚持教育为主、处罚为辅的原则,提高用人单位对贯彻落实劳动法律、法规重要性的认知程度,从根本上规范用人单位劳动用工行为。

法律链接

《劳动法》

第五十条　工资应当以货币形式按月支付给劳动者本人。不得克扣或者无故拖欠劳动者的工资。

《劳动合同法》

第四条　用人单位应当依法建立和完善劳动规章制度,保障劳动者享有劳动权利、履行劳动义务。用人单位在制定、修改或者决定有关劳动报酬、工作时间、休息休假、劳动安全卫生、保险福利、职工培训、劳动纪律以及劳动定额管理等直接涉及劳动者切身利益的规章制度或者重大事项时,应当经职工代表大会或者全体职工讨论,提出方案和意见,与工会或者职工代表平等协商确定。在规章制度和重大事项决定实施过程中,工会或者职工认为不适当的,有权向用人单位提出,通过协商予以修改完善。用人单位应当将直接涉及劳动者切身利益的规章制度和重大事项决定公示,或者告知劳动者。

第三十条 用人单位应当按照劳动合同约定和国家规定,向劳动者及时足额支付劳动报酬。

第八十五条 用人单位有下列情形之一的,由劳动行政部门责令限期支付劳动报酬、加班费或者经济补偿;劳动报酬低于当地最低工资标准的,应当支付其差额部分;逾期不支付的,责令用人单位按应付金额百分之五十以上百分之一百以下的标准向劳动者加付赔偿金:(一)未按照劳动合同的约定或者国家规定及时足额支付劳动者劳动报酬的;(二)低于当地最低工资标准支付劳动者工资的;(三)安排加班不支付加班费的;(四)解除或者终止劳动合同,未依照本法规定向劳动者支付经济补偿的。

第八十七条 用人单位违反本法规定解除或者终止劳动合同的,应当依照本法第四十七条规定的经济补偿标准的二倍向劳动者支付赔偿金。

《工资支付暂行规定》(原劳动部)

第十五条 用人单位不得克扣劳动者工资。有下列情况之一的,用人单位可以代扣劳动者工资:(一)用人单位代扣代缴的个人所得税;(二)用人单位代扣代缴的应由劳动者个人负担的各项社会保险费用;(三)法院判决、裁定中要求代扣的抚养费、赡养费;(四)法律、法规规定可以从劳动者工资中扣除的其他费用。

(北京市东城区劳动监察大队选送)

转移档案引发的风波

要点提示

档案问题由于历史及现实的因素,一直困扰着劳动者,同样也困扰着用工单位。劳动者因为对档案管理的相关法规不了解,怕自己的利益受损,经常会做出各种令人啼笑皆非的举动;用工单位既希望通过档案牵制劳动者,但是又怕劳动者的档案"砸"在自己手里,经常徘徊在两难的边缘。正是上述种种情况造成了劳动者档案无法及时转移,对当事人双方均产生不利影响。作为人力社保行政部门,一定要剥离各种与案情无关的细节,抓住转移档案是用人单位的法定职责这一铁律,及时对单位做出要求其转移档案的具体行政行为,尽可能及时地保障劳动者的合法权益。

案情简介

2009 年中,张某投诉某旅游公司自 2007 年与其结束劳动关系后一直扣押其档案拒不转出,要求该公司立即为其转移档案。

接到投诉后,监察大队立即对被投诉公司进行了实地检查,结果是该旅游公司已经破产,所有有关的材料均由该公司的上级单位某国字头旅游公司接收。于是,大队又对该国字头旅游公司进行了调查,该单位陈述如下:被投诉的旅游公司是其下属单位,由于行业竞争,该单位急于扩大规模,遂采取吸引个人挂靠经营的经营方式,投诉人张某的丈夫即为挂靠经营者之一,2001年张某以该旅游公司分公司业务员的身份开始工作。当时,该旅游公司将张某的档案调入该公司。2007年该旅游公司经营不善,连同下属的分公司全部破产关停,并处理了大部分员工的档案,但是由于张某所在的分公司与之有债务纠纷,且张某与该分公司负责人实为夫妻关系,出于某种考虑,该公司没有给张某转移档案关系,后来,张某的档案随着其他相关的资料转入我公司。时至2009年,我公司亦不想通过扣押档案的方式讨要相关债务,准备将张某的档案转出。

了解到情况后,监察员立即通知张某按程序调转档案关系,由于张某仍在从事旅游行业,不想在调档案的时候让某国字头旅游公司知道其就业单位,因此在得知该单位同意转出其档案时异想天开地想把档案自行取出,由于怕该单位不给,张某在自己未出面的情况下,派遣数人直接到某国字头旅游公司将其档案半调半抢了出来。过了数日,张某拿着档案来到大队,表示档案放在自己手里根本哪儿也入不进去,询问如何处理。监察员随后又对某国字头旅游公司进行询问,该公司表示,档案是在逼迫下交给张某的朋友的,因为公司也乐得张某的档案赶快转走,因此无论从主观上还是客观上都没有严格按程序执行。

监察员得知该情况后,当即向该国字头旅游公司宣讲了相关政策,包括《劳动合同法》第五十条第一款、《北京市劳动合同规定》第三十六条、《北京市失业保险规定》第十五条第一款，明确了转移档案的法律主体，并且向该单位重申了转移档案的相关程序，并将该单位约回大队进行处理。该公司表示，既然有张某朋友的签字，且档案确实是张某拿走了，他们认为要考虑一下是否收回张某的档案。

随后，监察员向张某通报了对某国字头旅游公司的询问情况，向其表明我们会依法进行处理，并对张某组织人"抢"档案一事提出了批评。哪知张某怕自己的档案拿在手里变成"死档"，立即又组织数人到旅游公司，要求旅游公司重新接收档案。旅游公司表示：档案岂能说拿就拿，说放就放，既然拿走了，能不能放回来我们决定。

面对张某的大吵大闹和旅游公司的坚持，大队依据《劳动合同法》第五十条第一款的规定对旅游公司下达了要求该单位立即转移张某档案的限期（责令）改正通知书，并再次对旅游公司的相关负责人做了耐心细致的说服教育工作。最终，该单位收回了张某的档案，张某也由新单位开来了商调函，顺利从旅游公司将其档案转移了出去。

案件评析

本案由于历史及人为的因素导致案情波澜起伏，错综复杂。但是，层出不穷的情节是完全可以被忽略的，关键是抓住一点，即转移档案是用人单位的法定责任，不由个人行为的错误与否为转移，该公司将档案交给个人，是该公司管理上的失误所致，不能影响其履行给个人转移档案的法定义务。对于劳动者个人来讲，由于对档案管理的相关政策法规不够了解,经常因为转档问题产生不同程度的恐慌,不但造成了不必要的时间和物质上的浪费,并且极易导致转档时间上的延误,最终影响因档案转移给自己带来的相关利益的取得。

法律链接

《劳动合同法》

第五十条 第一款:"用人单位应当在解除或者终止劳动合同时出具解除或者终止劳动合同的证明,并在十五日内为劳动者办理档案和社会保险关系转移手续。"

《北京市失业保险规定》

第十五条 第一款:"用人单位于职工终止、解除劳动(聘用)或者工作关系之日起 7 日内将失业人员的名单报户口所在地区(县)社会保险经办机构备案,自终止、解除劳动(聘用)或工作关系之日起 20 日内,持缴纳失业保险的有关材料将职工的档案转移到职工户口所在地区(县)社会保险经办机构。"

《北京市劳动合同规定》

第三十六条 "当事人依据本规定解除劳动合同的,用人单位应当向劳动者出具解除劳动合同的书面证明,并办理有关手续。"

(北京市东城区劳动监察大队选送)

严格审查劳动规章制度
纠正规避法定义务的行为

要点提示

企业建立和完善劳动规章制度是劳动法律、法规赋予的权利及义务,人力社保行政部门对企业制定的劳动规章制度负有审查的职责,对劳动规章制度违法条款及规章制度中规避义务的行为应给予纠正。

案情简介

2009 年 12 月,某区人力社保局行政执法受理中心接到刘某举报,称某有限公司制定的员工待岗管理办法违反法律规定。

经查,该单位于 2009 年 7 月制定了《员工待岗管理办法》草案(以下简称《办法》),该《办法》经员工代表大会讨论后,上报到公司工会审批。公司工会审批同意后,在公司局域网上进行了公示,并于 2009 年 11 月正式实施。监察大队调取了该《办法》制定过程中的员工代表大会讨论记录、工会审批记录、公示记录及此《办法》。

经审查,该《办法》第七条第(七)项"其他非本人过错原因,而没有工作岗位的待岗员工,公司第一次为其安排新的岗位,本人不同意的,还可为其做第二次安排;若公司第二次为其安排新的工作岗位,本人仍不同意的,即为严重违反本办法,公司可依法与之解除劳动合同。";第(八)项"待岗期间,员工可在社会上积极寻求新的就业机会。如找到新的用人单位,则应及时通知集团人力资源部,并办理离职手续,公司将把该员工尚未履行的待岗期限应计发的基本生活费,一次性全额支付本人;如员工隐瞒不报,公司可依法按严重违纪处理,解除劳动合同。";第(十)项"待岗期限届满前,公司将提前30日书面通知员工签订《待岗协议书》,可延长待岗期限3个月。《待岗协议书》为劳动合同的附件,是对劳动合同的相应变更。协议期满,公司应提前30日书面通知员工终止协议和劳动合同,依法向其支付经济补偿金,办理离职手续;员工应于协议终止之日前,办理完毕离职手续。"的规定,违反了劳动合同法的相关规定,对该单位下达了责令(限期)改正通知书,要求该单位限期改正,该单位在规定期限内进行了改正。

案件评析

《劳动合同法》中明确要求用人单位应当依法建立和完善劳动规章制度,制定的程序应当合法,制定的内容应符合法律规定,不能超出法律规定的范围。《劳动保障监察条例》规定了劳动监察部门负有对用人单位劳动规章制度进行检查的职责。劳动监察部门应对用人单位制定的劳动规章制度制定的程序及内容进行合法性的审查。

随着《劳动合同法》的宣传、学习,企业制定规章制度明显违法的随之减少,而是利用《劳动合同法》中对企业有利的条款或片面孤立的理解相关条款,从而规避自己的法律责任。因此就需要监察员全面、连贯的理解《劳动合同法》的条款,熟练掌握。本案中,用工单位制定的《办法》就存在违法条款,规避法律责任的问题。

对于该《办法》第七条第(七)项的规定,应属于对劳动合同约定内容(即岗位)的变更,应依据《劳动合同法》第三十五条、第四十条第(三)项的规定,就变更内容与劳动者协商,未能就变更劳动合同内容达成协议的,可以依照《劳动合同法》第四十条的规定解除劳动合同并依照第四十六条的规定支付经济补偿。而该单位的规定违背了法律规定的应协商变更劳动合同内容,而以强硬方式调整劳动合同内容,并以违反单位规定予以解除劳动合同,从而又规避了法律规定应支付的经济补偿金。

对于《办法》第七条第(八)项的规定,与《劳动合同法》第三十九条第(四)项的规定相悖。《劳动合同法》的规定体现出未禁止劳动者与其他单位建立劳动关系,虽然该单位的规章制度中明确规定禁止员工从事第二职业,但按照劳动合同法规定,若员工与其他用人单位建立劳动关系对完成单位的工作任务造成严重影响,或者是经单位提出拒不改正的,用人单位方可解除劳动合同。但《办法》规定按严重违纪处理,直接解除劳动合同,不符合劳动合同法的规定。

对于《办法》第七条第(十)项的规定,违反了《劳动合同法》第四十四条的规定。劳动合同法明确了劳动合同终止的几种情形,而该条款用待岗协议终止日期替代劳动合同的终止日期,以待岗协议书期满为劳动合同的终止条件,已超出劳动合同法规定的终止条件,从而规避了应尽的义务。

法律链接

《劳动合同法》

第四条 用人单位应当依法建立和完善劳动规章制度,保障劳动者享有劳动权利、履行劳动义务。

用人单位在制定、修改或者决定有关劳动报酬、工作时间、休息休假、劳动安全卫生、保险福利、职工培训、劳动纪律以及劳动定额管理等直接涉及劳动者切身利益的规章制度或者重大事项时,应当经职工代表大会或者全体职工讨论,提出方案和意见,与工会或者职工代表平等协商确定。

在规章制度和重大事项决定实施过程中,工会或者职工认为不适当的,有权向用人单位提出,通过协商予以修改完善。

用人单位应当将直接涉及劳动者切身利益的规章制度和重大事项决定公示,或者告知劳动者。

第三十五条 用人单位与劳动者协商一致,可以变更劳动合同约定的内容。变更劳动合同,应当采用书面形式。

第三十九条 劳动者有下列情形之一的,用人单位可以解除劳动合同:

（四）劳动者同时与其他用人单位建立劳动关系，对完成本单位的工作任务造成严重影响，或者经用人单位提出，拒不改正的；

第四十条 有下列情形之一的，用人单位提前三十日以书面形式通知劳动者本人或者额外支付劳动者一个月工资后，可以解除劳动合同：

（三）劳动合同订立时所依据的客观情况发生重大变化，致使劳动合同无法履行，经用人单位与劳动者协商，未能就变更劳动合同内容达成协议的。

第四十四条 有下列情形之一的，劳动合同终止：

（一）劳动合同期满的；

（二）劳动者开始依法享受基本养老保险待遇的；

（三）劳动者死亡，或者被人民法院宣告死亡或者宣告失踪的；

（四）用人单位被依法宣告破产的；

（五）用人单位被吊销营业执照、责令关闭、撤销或者用人单位决定提前解散的；

（六）法律、行政法规规定的其他情形。

第四十六条 有下列情形之一的，用人单位应当向劳动者支付经济补偿：

（三）用人单位依照本法第四十条规定解除劳动合同的；

第八十条 用人单位直接涉及劳动者切身利益的规章制度违反法律、法规规定的，由劳动行政部门责令改正，给予警告;给劳动者造成损害的,应当承担赔偿责任。

(北京市海淀区劳动监察大队选送)

跨区劳务派遣公司
不配合办案如何处理

要点提示

本案中劳务派遣公司外区注册、跨多区派遣、本区用工，注册地址空挂，办公地位于居民区内，无对外联系方式，法定代表人不参与经营，具体负责人无法联络而引发的拖欠工资案件，涉及劳动关系、工资、双倍工资和补偿金等诸多投诉事项。如何界定用人单位和劳务派遣公司在侵害劳动者权益方面的法律责任，规范劳务派遣行为成为本案焦点。

案情简介

2010年2月23日，夏某被某品牌汽车4S店辞退后，到劳动监察大队投诉某劳务派遣公司拖欠其工资，要求该公司支付1月份20天的工资和支付2009年9月至2010年1月20日未签订劳动合同期间双倍工资及其补偿金共计5000元。

按照夏某提供的线索和联系电话，劳动监察大队立即对涉案单位和当事人展开调查。经查：该劳务派遣公司在外区注册，跨多区派遣；注册地址空挂，办公地在居民区，无对外固定电话、负责人手机时关时开；法定代表人不从事经营,经营负责人不配合调查。监察员多次联系劳务派遣公司法人代表和主要负责人,由起初的一问三不知、托词推诿,直至不接电话对抗调查。

在此情形下,监察员根据《劳动合同法》第九十二条"给被派遣劳动者造成损害的,劳务派遣单位与用工单位承担连带赔偿责任"的规定,决定对夏某的用工单位——某品牌汽车 4S 店进行调查。经查:劳务派遣公司与 4S 店签订了《劳务服务合同书》,约定了包括劳务费、工资支付方式等内容,由 4S 店提供了《劳务服务合同书》、《员工花名册》、2009 年 9 月至 2010 年 1 月期间的劳务费专用发票等相关材料。初步确定了夏某的劳动关系情况和拖欠工资违法行为均与劳务派遣公司有关。

此后,监察员通过对 4S 店的人事经理做工作,反复宣传法规政策,再通过 4S 店向劳务派遣公司做工作,告知其违法后果及其相关连带责任等等,直至劳务派遣公司的法人代表和经理一同前来劳动监察大队接受调查,最后经各方协商得以解决。2010 年 3 月 3 日,由劳务公司支付了夏某工资和经济补偿共计 5000 元。

案件评析

在本案中,劳动监察机构运用《劳动合同法》规定的连带责任条款进行宣传和处理,避免了用人单位和用工单位逃避法律责任,从而快速有效地处理了案件。

本案虽已妥善解决,但对劳务派遣这种用工方式,以及由此暴露出的违法问题却值得我们关注和思考:

劳务派遣又称人才租赁,可并称为人力资源外包(简称 HR)。HR 起于欧美,后在日本推开并做得最好。我国正处于快速发展阶段,其高速的成长性和巨大发展潜力,已成为企业人力资源管理发展的新趋势。HR 打破传统雇佣关系,使劳动力的供给和使用更为灵活多元,普遍受到社会、用人单位和劳动者接受和欢迎。然而,随着 HR 越来越多,整个行业呈现出鱼龙混杂、良莠不齐的发展态势,暴露出许许多多问题,最糟糕的是"假冒伪劣差的 HR"像病毒那样泛滥,它们把主要心思放在"省钱"、"省事"和逃避法律责任上,与不良企业串通合谋。比如:(1)不签订书面劳动合同或签假合同应付检查;(2)滥用试用期,借此减少工资或不缴纳社会保险费,不提供必要的劳动保护等;(3)随意安排加班,不安排正常休假,不支付加班费;(4)随意辞退员工,不支付经济补偿;(5)一旦出问题互相推诿、扯皮加乱来,要么干脆否认劳动关系。如此这般完全背离 HR 发展方向,问题频出且日趋尖锐而错综复杂,对劳动者合法权益的侵害最为严重,同时增加增大了劳动执法难度,"伪、劣、杂、乱、小"的泛滥,严重干扰了我国人力资源市场的正常秩序,直接冲击甚至会毁掉整个行业和 HR 市场的健康发展。

《劳动合同法》的出台,一方面是肯定了劳务派遣合法性,另一方面也对劳务派遣做出了细致的法律规定。在新的法治环境下,要彻底扭转 HR 行业这种混乱局面,关键在要尽快扭转并改善过去"劳动执法不到位、工会作用不到位、行业规范缺失、市场规则缺失"等不利局面。

对策建议:

1. 出台配套政策法规(实施细则)。比如:制定 HR 资质管理办法,HR 行业监管细则,制定 HR 用工管理规定等。重点是要明确劳务派遣三方职责(权利和义务),包括对派遣员工的招聘、录用、劳动合同、考勤、工资、社会保险、培训、劳动保护等过程,包括派遣员工参加工会和党团活动等等,都要有明确的条款。还必须建立一种定期报告制度,实现追踪管理、有效沟通和及时反馈,做到政府监管同步跟进并到位,起到政府的有效监管作用。

2. 重点加强三方联动机制,提升劳动执法力和各级工会维权力。

3. 政策支持社会力量建立 HR 行业管理机构,制定 HR 行业管理规范和自律公约,包括行业规则、行业标准、统一合同范本等。

4. 帮助企业和劳动者树立自我保护意识和依法维权能力。

5. 加强 HR 行业诚信体系建设,扶优打劣,净化 HR 行业,提升 HR 行业品质。

观念注释:

初级银行靠储蓄利息生存,高级银行靠增值金融服务竞争。同样,低端 HR 靠劳务派遣,高端 HR 靠专家团队和提供专业增值服务。一个是把人当廉价商品一次性贱卖出去;一个是把人当资源做长线经营和增值服务。发展成熟的人力资源市场，主流是 HR 高端服务，派遣只是很少的一部分；反顾初低级 HR，主营劳务派遣。

怎么办?! 硬执法和软服务，引导和规范 HR 市场的健康发展。

优秀的 HR 应具备合法资质，有相当规模和专业水准（品牌实力），拥有人力资源管理各方面的专家，能够建立起一整套普遍适用于多家企业的综合性专业知识、技能和经验，为客户企业做更多、更为有效的人力资源管理工作。对企业来讲，一是 HR 可以帮助企业进行经济结构调整和用工制度改革，使企业用工机制更灵活，部分岗位和辅助人员交给 HR 打理；二是从 HR 那里获取人力资源方面信息和高质量的服务，这远比企业自身拥有人事管理队伍更节约和更高效；企业可以把资源集中于提高核心竞争力、创造更多经济效益且无后顾之忧。三是 HR 实现了企业间专业分工和精细化管理，有效控制和降低人力资源运营成本，高效运作和服务，实现"双赢"。对劳动者来讲，一是好的 HR 可以为员工提供职业规划、就业指导和岗前培训等，提供不同就业岗位和职位流动机会；个人可以充分自主择业、无障碍流动、选择更多工作机会。二是优秀的 HR，可以通过监督用人单位规范用人制度，为外派员工提供职业安全、卫生条件，按时足额发放工资和缴纳社会保险费，使外派劳动者的合法权益得到全面的保障。三是 HR 帮助劳动者择业和就业，减少盲目性并节省求职成本。

法律连接

《劳动保障监察条例》

第十三条　对用人单位的劳动保障监察,由用人单位用工所在地的县级或者设区的市级劳动保障行政部门管辖。

《劳动合同法》

第十条　建立劳动关系,应当订立书面劳动合同。已建立劳动关系,未同时订立书面劳动合同的,应当自用工之日起一个月内订立书面劳动合同。

第四十七条　经济补偿按劳动者在本单位工作的年限,每满一年支付一个月工资的标准向劳动者支付。六个月以上不满一年的,按一年计算;不满六个月的,向劳动者支付半个月工资的经济补偿。

第五十八条　劳务派遣单位应当与被派遣劳动者订立二年以上的固定期限劳动合同,按月支付劳动报酬,在无工作期间不得低于劳务派遣单位所在地人民政府规定的最低工资标准支付劳动报酬。

第六十六条　劳务派遣一般在临时性、辅助性或者替代性的工作岗位实施。

第八十二条　用人单位自用工之日起超过一个月不满一年未与劳动者订立书面劳动合同的,应当向劳动者每月支付二倍的工资。

第九十二条　劳动力派遣单位违反本法规定的,由劳动行政部门和其他有关主管部门责令限期改正;情节严重的,以每一人 1000 元以上 5000 元以下的标准处以罚款;并由工商行政管理部门吊销营业执照;给被派遣劳动者造成损害的,由劳务派遣单位与用工单位承担连带赔偿责任。

（石景山区劳动监察大队选送）

用人单位这种行为是否属于扣押证件

要点提示

本案是查处某商标代理公司北京分公司扣押证件的案件。案件的焦点是证件的归属问题,所提及的证件是否属于个人所有,单位的行为是否属于扣押证件。经劳动监察机构深入调查,证实此证件应为单位所有,单位行为不属于扣押证件。

案情简介

投诉人朱某于 2005 年 9 月 1 日入职某商标代理公司北京分公司,从事商标专利代理工作,双方签有劳动合同,劳动合同有效期至 2009 年 8 月 31 日止。朱某于 2009 年 2 月获得了由单位为其办理的专利代理执业证(以下简称执业证)。同年 3 月朱某因身体缘故在家开始养病,2009 年 6 月 30 日,单位以无故旷工为由将朱某辞退并将其执业证收回。2009 年 10 月 21 日,朱某到某区劳动监察大队投诉单位扣押其执业证,要求单位返还。

调查处理中双方各持己见:投诉人朱某认为:单位无故将其辞退不合理,且劳动合同应于 2009 年 8 月 31 日自然终止,双方解除劳动关系后单位一直未返还其执业证。公司认为:一、朱某在病假期间未提交与其所患病症相符的有效病假证明，属于旷工，单位应当予以辞退处理，而不是劳动合同自然终止；二、朱某所说执业证为单位办理，不属于其个人物品，单位的行为不属于劳动合同法中规定的扣押证件行为。

劳动监察员通过充分的调查取证查明，投诉人朱某病假期间确实未向单位提供有效的病假证明，单位依据其规章制度对其按旷工处理不无不当。

通过走访专业机构了解到，专利代理人要想获得执业证必须要自行考取专利代理资格证（以下简称资格证），此证件为代理人私人所有，在代理人考取资格证后，由其工作单位向专利代理机构的主管部门"中华全国专利代理人协会"（以下简称协会）为其办理执业证，执证人证件只在被申请单位工作期间有效，代理人与用人单位终止或解除劳动合同后应将执业证交回单位，由单位向协会办理注销手续，否则，个人无法再在新的专利代理单位以专利代理人的资格从事同样工作。依据《专利代理管理办法》（国家知识产权局局长令第30号）第二十五条第二款规定"专利代理机构与专利代理人解除聘用关系的，应当由专利代理机构收回其专利代理人执业证，出具解聘证明，并在出具解聘证明之日起的10日内向中华全国专利代理人协会办理专利代理人执业证注销手续。"的规定，单位收回执业证的行为不属于扣押证件的行为。

案情评析

此案焦点有两处，一、朱某与单位是否已经解除劳动关系。二、劳动合同法中第九条规定："用人单位招用劳动者,不得扣押劳动者的居民身份证和其他证件"中所涉及的证件应为劳动者个人所有的证件,因此执业证是否属于朱某个人物品也决定了单位是否存在违法行为。

从案件调查情况来看,朱某对单位把自己的病假按旷工处理持不同意见,但监察员通过对所获证据的分析,并对单位的规章制度认真审查,单位依据内部规章制度对其不能提供有效病假证明按旷工处理是合法的,投诉人对此有疑义可通过其他途径解决。既然双方已经解除劳动关系,按照行业规定,朱某所持有的执业证应当交回单位办理注销。因此,单位没有将执业证交还朱某不属于扣押证件。

近几年对于证件扣押的投诉案件在逐年上升,此类案件的争议很多,劳动者大多认为只要涉及其本人的证件都属于私人物品,而用人单位更多的则是强调证件是谁办理应归属谁。也就是说,证件的归属决定着用人单位是否存在违法行为。我们在工作中要注意以下几点:一是证件是否为劳动者入职单位时已经为其个人所有;二是证件是否为劳动者本人出资获取;三是证件是否为劳动者独立办理所得。掌握这几个基本点后,会对我们解决证件扣押问题有所帮助。

法律链接

《劳动合同法》

第九条 用人单位招用劳动者,不得扣押劳动者的居民身份证和其他证件,不得要求劳动者提供担保或者以其他名义向劳动者收取财物。

《专利代理管理办法》(国家知识产权局局长令第 30 号)

第二十五条 专利代理机构辞退专利代理人的,应当提前 30 日通知该专利代理人;专利代理人辞职的,应当提前 30 日通知其所在的专利代理机构。专利代理机构与专利代理人解除聘用关系的,应当由专利代理机构收回其专利代理人执业证,出具解聘证明,并在出具解聘证明之日起的 10 日内向中华全国专利代理人协会办理专利代理人执业证注销手续。

(北京市海淀区劳动监察大队选送)

以收取风险抵押金
转嫁经营风险不可取

要点提示

北京某交运有限责任公司自2008年1月至2008年4月期间累计收取了傅某等140名员工的风险抵押金64200元,通过人力社保行政机关立案调查,多次取证,认定该单位存在上述违法行为,对该单位的违法行为进行了责令改正,并给予行政处罚。

案情简介

2008年5月6日,投诉人傅某向某人力社保行政机关投诉,投诉北京某交运有限责任公司(以下称"交运公司")在2007年10月至2008年4月期间,每月向自己收取风险抵押金150元,共计1050元整,离职后未退还。投诉人同时提供了公司在此期间也收取了其他员工的风险抵押金的线索。劳动监察大队接到投诉后当日批准立案。

经与交运公司法定代表人的委托人调查得知,该单位为大型交通运输企业,具有一定的行业特点,为保证车辆不被人为损坏,或弥补车辆损坏带来的损失,故对车队人员采取了收取风险抵押金的方式,每月收取150元,在合同期内累计收到3000元为止。去年对部分人收取抵押金

（包括傅某），从 2008 年 1 月开始全员收取，一共有 148 名员工交纳了风险抵押金。后来有 8 名员工离职，在他们的要求下，退还了已收的押金。对余下 140 名员工仍在继续收取。这一次调查，除对被调查人的自述笔录外，未得到有效的书证资料。为此，向交运公司下达了《劳动监察询问通知书》，要求携带相关资料接受进一步调查。在调查过程中，由于该案涉及人员多，从主观上相对人是不愿意很好配合的，取证相对较困难，通过劳动监察员的多次走访以及与该单位相关负责人的沟通，反复宣传有关劳动法律规定，最终取得了该单位收取风险抵押金的明细表和收据等证据。

经调查证实：交运公司在 2007 年 10 月至 12 月期间收取投诉人傅某风险抵押金 450 元；从 2008 年 1 月至 2008 年 4 月期间，累计向傅某等 140 名员工收取风险抵押金 64200 元。此行为违反了《劳动合同法》第九条的规定，属于违法行为。人力社保行政行政部门依据《劳动合同法》第八十四条第二款的规定，向交运公司下达了《责令（限期）改正通知书》，责令交运公司在规定的期限内改正违法行为，立即退还傅某等 140 名员工风险抵押金，同时对交运公司拟作出处以 140000 元的行政处罚款的决定（按照受侵害的劳动者每人 1000 元的标准）。

由于该案情节复杂，处罚额度较大，依据《行政处罚法》第三十八条第二款："对情节复杂或者重大违法行为给予较重的行政处罚，行政机关的负责人应当集体讨论决定。"的规定,人力社保行政行政部门对该案件履行了重大案件集体讨论程序,同时告知交运公司享有申请听证的权利。在行政机关组织的听证过程中,劳动监察员陈述了案件的调查程序、查证的事实、取得的证据以及法律的适用等。听证人陈述了自己的整改过程和目前的整改结果,希望人力社保行政部门考虑减轻处罚,对劳动监察员所叙述的内容均无异议。鉴于交运公司对其违法行为有很深刻的认识,已经开始积极主动的消除违法行为,同时也考虑到该单位是老企业,历史遗留问题多,企业负担重,还担负着奥运服务任务等多种情况,人力社保行政部门依据《行政处罚法》第二十七条第一款:"当事人有下列情形之一的,应当依法从轻或者减轻行政处罚:(一)主动消除或者减轻违法行为危害后果的"的规定,最终决定对交运公司处以70000元的行政处罚(按照受侵害的劳动者每人500元的标准)。交运公司对最终的处罚决定没有异议,按期履行了行政处罚决定,缴纳了行政罚款70000元。

交运公司于2008年6月起积极进行整改工作,开始全面退还风险抵押金,截止到2008年7月22日,累计退还风险抵押金56000元。因部分员工已离职,该单位也做出承诺,将尽快联系这些离职的员工,以保证在最短时间内将未领取的风险抵押金全部退还到位。该单位向人力社保行政政机关递交了整改情况的书面报告及退还风险抵押金的员工领取证明。

案件评析

此案值得借鉴的有两点：

第一是案件违法行为的认定。在接到投诉时，执法人员及时从投诉人手中获取了被投诉单位开具的押金收据，先直接取得了用人单位存在违法行为的有效证据。在调查过程中，执法人员从该单位报送的材料中努力取证，由于涉及人员多，很难获得140名劳动者所有时间段的风险抵押金收据证明，但是我们还是取得了某个时间段(2008年1月~4月份)这140名劳动者的风险抵押金收据证明，并让该单位做出了书面的情况说明。北京某交运有限责任公司以保证车辆不被人为损坏的借口，要求劳动者每月缴纳150元的保证金，此保证金可认定为变向收取风险抵押金行为，属于违法行为。目前，相当一部分企业对于使用缴纳风险抵押金的方式，目的是多方面的，最主要的一条是为了迫使劳动者履行劳动合同，保证队伍稳定，另外还起到一种担保作用。殊不知，这种观点忽略了法律法规的规定，也违反了国家关于劳动关系当事人平等、自愿和协商一致建立劳动关系的规定，侵害了员工的合法权益。真正想使队伍稳定，人心凝聚，需要企业的兴旺，科学的劳动制度管理。执法人员在处理本案过程中，以教育为主，要求用人单位加强和改进劳动制度上的管理，坚决杜绝变向收取风险抵押金的违法行为存在。

第二是涉及投诉人利益的投诉事项的处理，对投诉人傅某被收取风险抵押金的行为发生在2007年10月至2008

年4月工作期间,时跨新旧法律实施的两个时段。执法人员对涉及投诉人的违法行为分两段认定,一段是2007年10月至12月,另一段是与对全体员工产生的违法行为时间一并认定,即2008年1月至4月。对前一段涉及投诉人的事项,行政机关依据《北京市劳动合同规定》第五十二条的规定处理,责令北京某交运公司退还了傅某的部分风险抵押金。后一段则随该公司对全体员工产生的违法行为一并处理,如案情简介中所述,对2008年以后的违法行为依据2008年1月1日生效的《劳动合同法》的规定实施了行政处罚。

法律链接

《劳动合同法》

第九条 用人单位招用劳动者,不得扣押劳动者的居民身份证和其他证件,不得要求劳动者提供担保或者以其他名义向劳动者收取财物。

第八十四条 第二款:"用人单位违反本法规定,以担保或者其他名义向劳动者收取财物的,由劳动行政部门责令限期退还劳动者本人,并以每人五百元以上两千元以下的标准处以罚款;给劳动者造成损害的,应当承担赔偿责任。"

《行政处罚法》

第三十八条 第二款:"对情节复杂或者重大违法行为给予较重的行政处罚,行政机关的负责人应当集体讨论决定。"

第二十七条 第一款:"当事人有下列情形之一的,应当依法从轻或者减轻行政处罚:(一)主动消除或者减轻违法行为危害后果的。"

《北京市劳动合同规定》

第二十四条 订立劳动合同,用人单位不得以任何形式收取抵押金、抵押物、保证金、定金及其他费用,也不得扣押劳动者身份证及其他证明。

第五十二条 用人单位违反本规定第二十四条规定的,由劳动和社会保障行政部门责令改正,并可以对用人单位处以 1000 元以上 3 万元以下罚款。

(北京市朝阳区劳动监察大队选送)

个人承包违法　企业承担连带责任

要点提示

随着市场经济的发展,企业的经营方式与组织形式也日益多样化,特别是承包经营、租赁经营已经在很多企业中出现。企业将全部或部分经营管理权交给个人,个人承包经营对一些企业扭亏转盈,促进市场经济的发展发挥了作用,但也出现了个体经营者素质参差不齐,管理混乱,一味追求经济利益,侵害劳动者权益等问题,劳动监察机构只有严格执法,才能切实维护好劳动者的合法权益。

案情简介

2009年8月25日,孙某向某区劳动监察机构投诉称:他于2009年6月1日到某饭店后厨工作,厨师长顾某与他在协议中约定每月工资1500元,日常工作安排由顾某负责。由于该饭店经济效益不佳,2009年6月底顾某与饭店经理赵某发生纠纷去向不明,顾某没有支付孙某的工资,孙某多次携顾某与其订立的协议向饭店讨要工资,饭店经理赵某认为后厨人员是顾某雇用的,与饭店无关,并以此为由拒绝支付孙某工资。因此孙某请求劳动监察机构追回其被拖欠的工资1300元。

经查:某饭店于2008年10月5日将后厨承包给了顾

某,在双方的协议中规定后厨人员由顾某自行招用,后厨人员的考勤管理、工资分配、其他一切问题均由顾某负责。由于饭店一直亏损,饭店经理赵某与顾某发生纠纷不能达成一致,致使协议无法继续履行。后该饭店将后厨承包与其他人,原来的后厨人员于6月底全部离开。

在调查过程监察员对该饭店的委托代理人制作了调查笔录并提取了该饭店的营业执照、委托书、法定代表人身份证明书、与顾某订立的承包协议、后厨人员的考勤表等证据。

2009年9月10日,劳动监察机构对某饭店送达了《责令限期(改正)通知书》,要求该饭店在五日内支付孙某自2009年6月1日到离开饭店期间的工资1300元,该饭店以孙某工资应由承包人顾某负责以及饭店注册地不在本区不属本区劳动监察机构管辖为由拒不向孙某支付工资,并表示要向有关部门提起行政复议和诉讼。在此情况下,劳动监察大队对该饭店先后留置送达了行政处理告知书和行政处理决定书,并在行政处理决定生效后依法向人民法院申请强制执行,人民法院经审核认为人力社保行政部门具体行政行为事实清楚、证据充分、程序合法、适用法律正确、裁定准予执行。

案件评析

在此案中,某饭店始终以后厨系个人承包和管辖权有异议为由拒不支付孙某的工资,劳动监察机构并未采纳该饭店的申辩意见,坚持认为饭店应当向孙某支付工资依据是充分的。

一、自然人承包经营不能免除用人单位向劳动者支付工资的义务

自然人承包经营是指,企业与自然人承包经营者通过订立承包经营合同,将企业的全部或者部分经营管理权在一定期限内交给承包者,由承包者对企业进行全部或部分经营管理,两者之间只具有完全的民事法律关系,对外自然人承包者以被承包者的名义承担法律责任。

由于个人不具备用工主体资格,所以承包经营期间招用的劳动者与被承包者产生劳动关系。因个人承包经营者违反人力社保法律规定而对劳动者造成损害又无力偿还时,依据《劳动合同法》第九十四条"个人承包经营违反本法规定招用劳动者,给劳动者造成损害的,发包的组织与个人承包经营者承担连带赔偿责任。"的规定,发包方是当然的赔偿主体之一,某饭店应承担连带赔偿责任。所谓"连带赔偿责任"是指依照法律规定或者合同约定多数责任人(两个或者两个以上)之间具有连带关系,受损失人有权要求多数责任人中的任何一人向其赔偿损失,多数责任人中任何一人都有向受损失人赔偿全部损失的责任。具有连带关系的多数责任人为连带赔偿责任人。显然劳动合同法将个人承包经营过程产生的人力社保法律赔偿责任认定为连带赔偿责任。本案中,承包协议中的约定条款与法律法规相抵触的,以法律法规为准。

二、劳动监察机构地域管辖权是以用人单位用工所在

地进行划分的,用人单位不能以注册地为由抗拒执法

　　劳动监察管辖,是指各级人力社保行政部门对用人单位遵守人力社保法律、法规情况进行监督检查及对违反人力社保法律、法规行为进行行政处理的职责和地域划分。从法律上讲,法人和其他组织以其机关所在地为住所地或所在地。在用工方面,用人单位住所地或所在地包含多种情况,如工商登记注册地,生产经营地,用工所在地,劳动合同履行地等。多数用人单位的工商登记注册地与用工所在地是一致的,但是工商登记注册地与用工所在地相分离也不乏其数。依据《劳动保障监察条例》第十三条第一款"对用人单位的劳动保障监察,由用人单位用工所在地的县级或者设区的市级劳动保障行政部门管辖。"的规定,某区人力社保行政部门对孙某的投诉具有管辖权。

法律链接

《劳动保障监察条例》

　　第十三条　对用人单位的劳动保障监察,由用人单位用工所在地的县级或者设区的市级劳动保障行政部门管辖。

《劳动合同法》

　　第三十条　用人单位应当按照劳动合同约定和国家规定,向劳动者及时足额支付劳动报酬。

　　第八十五条　用人单位有下列情形之一的,由劳动行政部门责令限期支付劳动报酬、加班费或者经济补偿;劳动报酬低于当地最低工资标准的,应当支付其差额部分;

逾期不支付的,责令用人单位按应付金额百分之五十以上百分之一百以下的标准向劳动者加付赔偿金:

(一)未按照劳动合同的约定或者国家规定及时足额支付劳动者劳动报酬的;

第九十四条 个人承包经营违反本法规定招用劳动者,给劳动者造成损害的,发包的组织与个人承包经营者承担连带赔偿责任。

（北京市石景山区劳动监察大队选送）

第二部分　附　　录

中华人民共和国社会保险法

（中华人民共和国主席令第 35 号，已由中华人民共和国第十一届全国人民代表大会常务委员会第十七次会议于 2010 年 10 月 28 日通过，现予公布，自 2011 年 7 月 1 日起施行。）

目 录

第一章 总 则

第一条 为了规范社会保险关系,维护公民参加社会保险和享受社会保险待遇的合法权益,使公民共享发展成果,促进社会和谐稳定,根据宪法,制定本法。

第二条 国家建立基本养老保险、基本医疗保险、工伤保险、失业保险、生育保险等社会保险制度,保障公民在年老、疾病、工伤、失业、生育等情况下依法从国家和社会获得物质帮助的权利。

第三条 社会保险制度坚持广覆盖、保基本、多层次、可持续的方针,社会保险水平应当与经济社会发展水平相适应。

第四条 中华人民共和国境内的用人单位和个人依法缴纳社会保险费,有权查询缴费记录、个人权益记录,要求社会保险经办机构提供社会保险咨询等相关服务。

个人依法享受社会保险待遇,有权监督本单位为其缴费情况。

第五条 县级以上人民政府将社会保险事业纳入国民经济和社会发展规划。

国家多渠道筹集社会保险资金。县级以上人民政府对社会保险事业给予必要的经费支持。

国家通过税收优惠政策支持社会保险事业。

第六条 国家对社会保险基金实行严格监管。

国务院和省、自治区、直辖市人民政府建立健全社会保险基金监督管理制度,保障社会保险基金安全、有效运行。

县级以上人民政府采取措施,鼓励和支持社会各方面参与社会保险基金的监督。

第七条 国务院社会保险行政部门负责全国的社会保险管理工作,国务院其他有关部门在各自的职责范围内负责有关的社会保险工作。

县级以上地方人民政府社会保险行政部门负责本行政区域的社会保险管理工作,县级以上地方人民政府其他有关部门在各自的职责范围内负责有关的社会保险工作。

第八条 社会保险经办机构提供社会保险服务,负责社会保险登记、个人权益记录、社会保险待遇支付等工作。

第九条 工会依法维护职工的合法权益,有权参与社会保险重大事项的研究,参加社会保险监督委员会,对与职工社会保险权益有关的事项进行监督。

第二章　基本养老保险

第十条 职工应当参加基本养老保险,由用人单位和职工共同缴纳基本养老保险费。

无雇工的个体工商户、未在用人单位参加基本养老保险的非全日制从业人员以及其他灵活就业人员可以参加基本养老保险,由个人缴纳基本养老保险费。

公务员和参照公务员法管理的工作人员养老保险的办法由国务院规定。

第十一条　基本养老保险实行社会统筹与个人账户相结合。

基本养老保险基金由用人单位和个人缴费以及政府补贴等组成。

第十二条　用人单位应当按照国家规定的本单位职工工资总额的比例缴纳基本养老保险费,记入基本养老保险统筹基金。

职工应当按照国家规定的本人工资的比例缴纳基本养老保险费,记入个人账户。

无雇工的个体工商户、未在用人单位参加基本养老保险的非全日制从业人员以及其他灵活就业人员参加基本养老保险的,应当按照国家规定缴纳基本养老保险费,分别记入基本养老保险统筹基金和个人账户。

第十三条　国有企业、事业单位职工参加基本养老保险前,视同缴费年限期间应当缴纳的基本养老保险费由政府承担。

基本养老保险基金出现支付不足时,政府给予补贴。

第十四条　个人账户不得提前支取,记账利率不得低于银行定期存款利率,免征利息税。个人死亡的,个人账户余额可以继承。

第十五条　基本养老金由统筹养老金和个人账户养老金组成。

基本养老金根据个人累计缴费年限、缴费工资、当地职工平均工资、个人账户金额、城镇人口平均预期寿命等因素确定。

第十六条 参加基本养老保险的个人,达到法定退休年龄时累计缴费满十五年的,按月领取基本养老金。

参加基本养老保险的个人,达到法定退休年龄时累计缴费不足十五年的,可以缴费至满十五年,按月领取基本养老金;也可以转入新型农村社会养老保险或者城镇居民社会养老保险,按照国务院规定享受相应的养老保险待遇。

第十七条 参加基本养老保险的个人,因病或者非因工死亡的,其遗属可以领取丧葬补助金和抚恤金;在未达到法定退休年龄时因病或者非因工致残完全丧失劳动能力的,可以领取病残津贴。所需资金从基本养老保险基金中支付。

第十八条 国家建立基本养老金正常调整机制。根据职工平均工资增长、物价上涨情况,适时提高基本养老保险待遇水平。

第十九条 个人跨统筹地区就业的,其基本养老保险关系随本人转移,缴费年限累计计算。个人达到法定退休年龄时,基本养老金分段计算、统一支付。具体办法由国务院规定。

第二十条 国家建立和完善新型农村社会养老保险制度。

新型农村社会养老保险实行个人缴费、集体补助和政府补贴相结合。

第二十一条　新型农村社会养老保险待遇由基础养老金和个人账户养老金组成。

参加新型农村社会养老保险的农村居民,符合国家规定条件的,按月领取新型农村社会养老保险待遇。

第二十二条　国家建立和完善城镇居民社会养老保险制度。

省、自治区、直辖市人民政府根据实际情况,可以将城镇居民社会养老保险和新型农村社会养老保险合并实施。

第三章　基本医疗保险

第二十三条　职工应当参加职工基本医疗保险,由用人单位和职工按照国家规定共同缴纳基本医疗保险费。

无雇工的个体工商户、未在用人单位参加职工基本医疗保险的非全日制从业人员以及其他灵活就业人员可以参加职工基本医疗保险,由个人按照国家规定缴纳基本医疗保险费。

第二十四条　国家建立和完善新型农村合作医疗制度。

新型农村合作医疗的管理办法,由国务院规定。

第二十五条　国家建立和完善城镇居民基本医疗保险制度。

城镇居民基本医疗保险实行个人缴费和政府补贴相结合。

享受最低生活保障的人、丧失劳动能力的残疾人、低收入家庭六十周岁以上的老年人和未成年人等所需个人缴费部分,由政府给予补贴。

第二十六条 职工基本医疗保险、新型农村合作医疗和城镇居民基本医疗保险的待遇标准按照国家规定执行。

第二十七条 参加职工基本医疗保险的个人,达到法定退休年龄时累计缴费达到国家规定年限的,退休后不再缴纳基本医疗保险费,按照国家规定享受基本医疗保险待遇;未达到国家规定年限的,可以缴费至国家规定年限。

第二十八条 符合基本医疗保险药品目录、诊疗项目、医疗服务设施标准以及急诊、抢救的医疗费用,按照国家规定从基本医疗保险基金中支付。

第二十九条 参保人员医疗费用中应当由基本医疗保险基金支付的部分,由社会保险经办机构与医疗机构、药品经营单位直接结算。

社会保险行政部门和卫生行政部门应当建立异地就医医疗费用结算制度,方便参保人员享受基本医疗保险待遇。

第三十条 下列医疗费用不纳入基本医疗保险基金支付范围:

(一)应当从工伤保险基金中支付的;

(二)应当由第三人负担的;

(三)应当由公共卫生负担的;

(四)在境外就医的。

医疗费用依法应当由第三人负担,第三人不支付或者无法确定第三人的,由基本医疗保险基金先行支付。基本医疗保险基金先行支付后,有权向第三人追偿。

第三十一条 社会保险经办机构根据管理服务的需要,可以与医疗机构、药品经营单位签订服务协议,规范医疗服务行为。

医疗机构应当为参保人员提供合理、必要的医疗服务。

第三十二条 个人跨统筹地区就业的,其基本医疗保险关系随本人转移,缴费年限累计计算。

第四章 工伤保险

第三十三条 职工应当参加工伤保险,由用人单位缴纳工伤保险费,职工不缴纳工伤保险费。

第三十四条 国家根据不同行业的工伤风险程度确定行业的差别费率,并根据使用工伤保险基金、工伤发生率等情况在每个行业内确定费率档次。行业差别费率和行业内费率档次由国务院社会保险行政部门制定,报国务院批准后公布施行。

社会保险经办机构根据用人单位使用工伤保险基金、工伤发生率和所属行业费率档次等情况,确定用人单位缴费费率。

第三十五条 用人单位应当按照本单位职工工资总额,根据社会保险经办机构确定的费率缴纳工伤保险费。

第三十六条 职工因工作原因受到事故伤害或者患

职业病,且经工伤认定的,享受工伤保险待遇;其中,经劳动能力鉴定丧失劳动能力的,享受伤残待遇。

工伤认定和劳动能力鉴定应当简捷、方便。

第三十七条 职工因下列情形之一导致本人在工作中伤亡的,不认定为工伤:

(一)故意犯罪;

(二)醉酒或者吸毒;

(三)自残或者自杀;

(四)法律、行政法规规定的其他情形。

第三十八条 因工伤发生的下列费用,按照国家规定从工伤保险基金中支付:

(一)治疗工伤的医疗费用和康复费用;

(二)住院伙食补助费;

(三)到统筹地区以外就医的交通食宿费;

(四)安装配置伤残辅助器具所需费用;

(五)生活不能自理的,经劳动能力鉴定委员会确认的生活护理费;

(六)一次性伤残补助金和一至四级伤残职工按月领取的伤残津贴;

(七)终止或者解除劳动合同时,应当享受的一次性医疗补助金;

(八)因工死亡的,其遗属领取的丧葬补助金、供养亲属抚恤金和因工死亡补助金;

(九)劳动能力鉴定费。

第三十九条　因工伤发生的下列费用,按照国家规定由用人单位支付:

(一)治疗工伤期间的工资福利;

(二)五级、六级伤残职工按月领取的伤残津贴;

(三)终止或者解除劳动合同时,应当享受的一次性伤残就业补助金。

第四十条　工伤职工符合领取基本养老金条件的,停发伤残津贴,享受基本养老保险待遇。基本养老保险待遇低于伤残津贴的,从工伤保险基金中补足差额。

第四十一条　职工所在用人单位未依法缴纳工伤保险费,发生工伤事故的,由用人单位支付工伤保险待遇。用人单位不支付的,从工伤保险基金中先行支付。

从工伤保险基金中先行支付的工伤保险待遇应当由用人单位偿还。用人单位不偿还的,社会保险经办机构可以依照本法第六十三条的规定追偿。

第四十二条　由于第三人的原因造成工伤,第三人不支付工伤医疗费用或者无法确定第三人的,由工伤保险基金先行支付。工伤保险基金先行支付后,有权向第三人追偿。

第四十三条　工伤职工有下列情形之一的,停止享受工伤保险待遇:

(一)丧失享受待遇条件的;

(二)拒不接受劳动能力鉴定的;

(三)拒绝治疗的。

第五章　失业保险

第四十四条　职工应当参加失业保险,由用人单位和职工按照国家规定共同缴纳失业保险费。

第四十五条　失业人员符合下列条件的,从失业保险基金中领取失业保险金:

(一)失业前用人单位和本人已经缴纳失业保险费满一年的;

(二)非因本人意愿中断就业的;

(三)已经进行失业登记,并有求职要求的。

第四十六条　失业人员失业前用人单位和本人累计缴费满一年不足五年的,领取失业保险金的期限最长为十二个月;累计缴费满五年不足十年的,领取失业保险金的期限最长为十八个月;累计缴费十年以上的,领取失业保险金的期限最长为二十四个月。重新就业后,再次失业的,缴费时间重新计算,领取失业保险金的期限与前次失业应当领取而尚未领取的失业保险金的期限合并计算,最长不超过二十四个月。

第四十七条　失业保险金的标准,由省、自治区、直辖市人民政府确定,不得低于城市居民最低生活保障标准。

第四十八条　失业人员在领取失业保险金期间,参加职工基本医疗保险,享受基本医疗保险待遇。

失业人员应当缴纳的基本医疗保险费从失业保险基金中支付,个人不缴纳基本医疗保险费。

第四十九条 失业人员在领取失业保险金期间死亡的,参照当地对在职职工死亡的规定,向其遗属发给一次性丧葬补助金和抚恤金。所需资金从失业保险基金中支付。个人死亡同时符合领取基本养老保险丧葬补助金、工伤保险丧葬补助金和失业保险丧葬补助金条件的,其遗属只能选择领取其中的一项。

第五十条 用人单位应当及时为失业人员出具终止或者解除劳动关系的证明,并将失业人员的名单自终止或者解除劳动关系之日起十五日内告知社会保险经办机构。

失业人员应当持本单位为其出具的终止或者解除劳动关系的证明,及时到指定的公共就业服务机构办理失业登记。

失业人员凭失业登记证明和个人身份证明,到社会保险经办机构办理领取失业保险金的手续。失业保险金领取期限自办理失业登记之日起计算。

第五十一条 失业人员在领取失业保险金期间有下列情形之一的,停止领取失业保险金,并同时停止享受其他失业保险待遇:

(一)重新就业的;

(二)应征服兵役的;

(三)移居境外的;

(四)享受基本养老保险待遇的;

(五)无正当理由,拒不接受当地人民政府指定部门或者机构介绍的适当工作或者提供的培训的。

第五十二条 职工跨统筹地区就业的,其失业保险关系随本人转移,缴费年限累计计算。

第六章 生育保险

第五十三条 职工应当参加生育保险,由用人单位按照国家规定缴纳生育保险费,职工不缴纳生育保险费。

第五十四条 用人单位已经缴纳生育保险费的,其职工享受生育保险待遇;职工未就业配偶按照国家规定享受生育医疗费用待遇。所需资金从生育保险基金中支付。生育保险待遇包括生育医疗费用和生育津贴。

第五十五条 生育医疗费用包括下列各项:

(一)生育的医疗费用;

(二)计划生育的医疗费用;

(三)法律、法规规定的其他项目费用。

第五十六条 职工有下列情形之一的,可以按照国家规定享受生育津贴:

(一)女职工生育享受产假;

(二)享受计划生育手术休假;

(三)法律、法规规定的其他情形。

生育津贴按照职工所在用人单位上年度职工月平均工资计发。

第七章 社会保险费征缴

第五十七条 用人单位应当自成立之日起三十日内

凭营业执照、登记证书或者单位印章,向当地社会保险经办机构申请办理社会保险登记。社会保险经办机构应当自收到申请之日起十五日内予以审核,发给社会保险登记证件。

用人单位的社会保险登记事项发生变更或者用人单位依法终止的,应当自变更或者终止之日起三十日内,到社会保险经办机构办理变更或者注销社会保险登记。

工商行政管理部门、民政部门和机构编制管理机关应当及时向社会保险经办机构通报用人单位的成立、终止情况,公安机关应当及时向社会保险经办机构通报个人的出生、死亡以及户口登记、迁移、注销等情况。

第五十八条 用人单位应当自用工之日起三十日内为其职工向社会保险经办机构申请办理社会保险登记。未办理社会保险登记的,由社会保险经办机构核定其应当缴纳的社会保险费。自愿参加社会保险的无雇工的个体工商户、未在用人单位参加社会保险的非全日制从业人员以及其他灵活就业人员,应当向社会保险经办机构申请办理社会保险登记。

国家建立全国统一的个人社会保障号码。个人社会保障号码为公民身份号码。

第五十九条 县级以上人民政府加强社会保险费的征收工作。

社会保险费实行统一征收,实施步骤和具体办法由国务院规定。

第六十条　用人单位应当自行申报、按时足额缴纳社会保险费，非因不可抗力等法定事由不得缓缴、减免。职工应当缴纳的社会保险费由用人单位代扣代缴，用人单位应当按月将缴纳社会保险费的明细情况告知本人。

无雇工的个体工商户、未在用人单位参加社会保险的非全日制从业人员以及其他灵活就业人员，可以直接向社会保险费征收机构缴纳社会保险费。

第六十一条　社会保险费征收机构应当依法按时足额征收社会保险费，并将缴费情况定期告知用人单位和个人。

第六十二条　用人单位未按规定申报应当缴纳的社会保险费数额的，按照该单位上月缴费额的百分之一百一十确定应当缴纳数额；缴费单位补办申报手续后，由社会保险费征收机构按照规定结算。

第六十三条　用人单位未按时足额缴纳社会保险费的，由社会保险费征收机构责令其限期缴纳或者补足。

用人单位逾期仍未缴纳或者补足社会保险费的，社会保险费征收机构可以向银行和其他金融机构查询其存款账户；并可以申请县级以上有关行政部门作出划拨社会保险费的决定，书面通知其开户银行或者其他金融机构划拨社会保险费。用人单位账户余额少于应当缴纳的社会保险费的，社会保险费征收机构可以要求该用人单位提供担保，签订延期缴费协议。

用人单位未足额缴纳社会保险费且未提供担保的，社会保险费征收机构可以申请人民法院扣押、查封、拍卖其价值相当于应当缴纳社会保险费的财产,以拍卖所得抵缴社会保险费。

第八章　社会保险基金

第六十四条　社会保险基金包括基本养老保险基金、基本医疗保险基金、工伤保险基金、失业保险基金和生育保险基金。各项社会保险基金按照社会保险险种分别建账,分账核算,执行国家统一的会计制度。

社会保险基金专款专用,任何组织和个人不得侵占或者挪用。

基本养老保险基金逐步实行全国统筹,其他社会保险基金逐步实行省级统筹,具体时间、步骤由国务院规定。

第六十五条　社会保险基金通过预算实现收支平衡。

县级以上人民政府在社会保险基金出现支付不足时,给予补贴。

第六十六条　社会保险基金按照统筹层次设立预算。社会保险基金预算按照社会保险项目分别编制。

第六十七条　社会保险基金预算、决算草案的编制、审核和批准,依照法律和国务院规定执行。

第六十八条　社会保险基金存入财政专户,具体管理办法由国务院规定。

第六十九条　社会保险基金在保证安全的前提下,按照国务院规定投资运营实现保值增值。

社会保险基金不得违规投资运营,不得用于平衡其他政府预算,不得用于兴建、改建办公场所和支付人员经费、运行费用、管理费用,或者违反法律、行政法规规定挪作其他用途。

第七十条 社会保险经办机构应当定期向社会公布参加社会保险情况以及社会保险基金的收入、支出、结余和收益情况。

第七十一条 国家设立全国社会保障基金,由中央财政预算拨款以及国务院批准的其他方式筹集的资金构成,用于社会保障支出的补充、调剂。全国社会保障基金由全国社会保障基金管理运营机构负责管理运营,在保证安全的前提下实现保值增值。

全国社会保障基金应当定期向社会公布收支、管理和投资运营的情况。国务院财政部门、社会保险行政部门、审计机关对全国社会保障基金的收支、管理和投资运营情况实施监督。

第九章　社会保险经办

第七十二条 统筹地区设立社会保险经办机构。社会保险经办机构根据工作需要,经所在地的社会保险行政部门和机构编制管理机关批准,可以在本统筹地区设立分支机构和服务网点。

社会保险经办机构的人员经费和经办社会保险发生的基本运行费用、管理费用,由同级财政按照国家规定予以保障。

第七十三条 社会保险经办机构应当建立健全业务、财务、安全和风险管理制度。

社会保险经办机构应当按时足额支付社会保险待遇。

第七十四条 社会保险经办机构通过业务经办、统计、调查获取社会保险工作所需的数据,有关单位和个人应当及时、如实提供。

社会保险经办机构应当及时为用人单位建立档案,完整、准确地记录参加社会保险的人员、缴费等社会保险数据,妥善保管登记、申报的原始凭证和支付结算的会计凭证。

社会保险经办机构应当及时、完整、准确地记录参加社会保险的个人缴费和用人单位为其缴费,以及享受社会保险待遇等个人权益记录,定期将个人权益记录单免费寄送本人。

用人单位和个人可以免费向社会保险经办机构查询、核对其缴费和享受社会保险待遇记录,要求社会保险经办机构提供社会保险咨询等相关服务。

第七十五条 全国社会保险信息系统按照国家统一规划,由县级以上人民政府按照分级负责的原则共同建设。

第十章 社会保险监督

第七十六条 各级人民代表大会常务委员会听取和

审议本级人民政府对社会保险基金的收支、管理、投资运营以及监督检查情况的专项工作报告,组织对本法实施情况的执法检查等,依法行使监督职权。

第七十七条 县级以上人民政府社会保险行政部门应当加强对用人单位和个人遵守社会保险法律、法规情况的监督检查。

社会保险行政部门实施监督检查时,被检查的用人单位和个人应当如实提供与社会保险有关的资料,不得拒绝检查或者谎报、瞒报。

第七十八条 财政部门、审计机关按照各自职责,对社会保险基金的收支、管理和投资运营情况实施监督。

第七十九条 社会保险行政部门对社会保险基金的收支、管理和投资运营情况进行监督检查,发现存在问题的,应当提出整改建议,依法作出处理决定或者向有关行政部门提出处理建议。社会保险基金检查结果应当定期向社会公布。

社会保险行政部门对社会保险基金实施监督检查,有权采取下列措施:

(一)查阅、记录、复制与社会保险基金收支、管理和投资运营相关的资料,对可能被转移、隐匿或者灭失的资料予以封存;

(二)询问与调查事项有关的单位和个人,要求其对与调查事项有关的问题作出说明、提供有关证明材料;

(三)对隐匿、转移、侵占、挪用社会保险基金的行为予以制止并责令改正。

第八十条 统筹地区人民政府成立由用人单位代表、参保人员代表，以及工会代表、专家等组成的社会保险监督委员会，掌握、分析社会保险基金的收支、管理和投资运营情况，对社会保险工作提出咨询意见和建议，实施社会监督。

社会保险经办机构应当定期向社会保险监督委员会汇报社会保险基金的收支、管理和投资运营情况。社会保险监督委员会可以聘请会计师事务所对社会保险基金的收支、管理和投资运营情况进行年度审计和专项审计。审计结果应当向社会公开。

社会保险监督委员会发现社会保险基金收支、管理和投资运营中存在问题的，有权提出改正建议；对社会保险经办机构及其工作人员的违法行为，有权向有关部门提出依法处理建议。

第八十一条 社会保险行政部门和其他有关行政部门、社会保险经办机构、社会保险费征收机构及其工作人员，应当依法为用人单位和个人的信息保密，不得以任何形式泄露。

第八十二条 任何组织或者个人有权对违反社会保险法律、法规的行为进行举报、投诉。

社会保险行政部门、卫生行政部门、社会保险经办机构、社会保险费征收机构和财政部门、审计机关对属于本部门、本机构职责范围的举报、投诉，应当依法处理；对不属于本部门、本机构职责范围的,应当书面通知并移交有权处理的部门、机构处理。有权处理的部门、机构应当及时处理,不得推诿。

第八十三条　用人单位或者个人认为社会保险费征收机构的行为侵害自己合法权益的,可以依法申请行政复议或者提起行政诉讼。

用人单位或者个人对社会保险经办机构不依法办理社会保险登记、核定社会保险费、支付社会保险待遇、办理社会保险转移接续手续或者侵害其他社会保险权益的行为,可以依法申请行政复议或者提起行政诉讼。

个人与所在用人单位发生社会保险争议的,可以依法申请调解、仲裁,提起诉讼。用人单位侵害个人社会保险权益的,个人也可以要求社会保险行政部门或者社会保险费征收机构依法处理。

第十一章　法律责任

第八十四条　用人单位不办理社会保险登记的,由社会保险行政部门责令限期改正;逾期不改正的,对用人单位处应缴社会保险费数额一倍以上三倍以下的罚款,对其直接负责的主管人员和其他直接责任人员处五百元以上三千元以下的罚款。

第八十五条　用人单位拒不出具终止或者解除劳动关系证明的,依照《中华人民共和国劳动合同法》的规定处理。

第八十六条 用人单位未按时足额缴纳社会保险费的,由社会保险费征收机构责令限期缴纳或者补足,并自欠缴之日起,按日加收万分之五的滞纳金;逾期仍不缴纳的,由有关行政部门处欠缴数额一倍以上三倍以下的罚款。

第八十七条 社会保险经办机构以及医疗机构、药品经营单位等社会保险服务机构以欺诈、伪造证明材料或者其他手段骗取社会保险基金支出的,由社会保险行政部门责令退回骗取的社会保险金,处骗取金额二倍以上五倍以下的罚款;属于社会保险服务机构的,解除服务协议;直接负责的主管人员和其他直接责任人员有执业资格的,依法吊销其执业资格。

第八十八条 以欺诈、伪造证明材料或者其他手段骗取社会保险待遇的,由社会保险行政部门责令退回骗取的社会保险金,处骗取金额二倍以上五倍以下的罚款。

第八十九条 社会保险经办机构及其工作人员有下列行为之一的,由社会保险行政部门责令改正;给社会保险基金、用人单位或者个人造成损失的,依法承担赔偿责任;对直接负责的主管人员和其他直接责任人员依法给予处分:

(一)未履行社会保险法定职责的;

(二)未将社会保险基金存入财政专户的;

(三)克扣或者拒不按时支付社会保险待遇的;

(四)丢失或者篡改缴费记录、享受社会保险待遇记录等社会保险数据、个人权益记录的；

(五)有违反社会保险法律、法规的其他行为的。

第九十条 社会保险费征收机构擅自更改社会保险费缴费基数、费率，导致少收或者多收社会保险费的，由有关行政部门责令其追缴应当缴纳的社会保险费或者退还不应当缴纳的社会保险费；对直接负责的主管人员和其他直接责任人员依法给予处分。

第九十一条 违反本法规定，隐匿、转移、侵占、挪用社会保险基金或者违规投资运营的，由社会保险行政部门、财政部门、审计机关责令追回；有违法所得的，没收违法所得；对直接负责的主管人员和其他直接责任人员依法给予处分。

第九十二条 社会保险行政部门和其他有关行政部门、社会保险经办机构、社会保险费征收机构及其工作人员泄露用人单位和个人信息的，对直接负责的主管人员和其他直接责任人员依法给予处分；给用人单位或者个人造成损失的，应当承担赔偿责任。

第九十三条 国家工作人员在社会保险管理、监督工作中滥用职权、玩忽职守、徇私舞弊的，依法给予处分。

第九十四条 违反本法规定，构成犯罪的，依法追究刑事责任。

第十二章 附 则

第九十五条 进城务工的农村居民依照本法规定参

加社会保险。

第九十六条 征收农村集体所有的土地,应当足额安排被征地农民的社会保险费,按照国务院规定将被征地农民纳入相应的社会保险制度。

第九十七条 外国人在中国境内就业的,参照本法规定参加社会保险。

第九十八条 本法自 2011 年 7 月 1 日起施行。

中华人民共和国刑法修正案（八）
（节选）

（中华人民共和国主席令第 41 号,已由中华人民共和国第十一届全国人民代表大会常务委员会第十九次会议于 2011 年 2 月 25 日通过,现予公布,自 2011 年 5 月 1 日起施行。）

四十一、在刑法第二百七十六条后增加一条,作为第二百七十六条之一:"以转移财产、逃匿等方法逃避支付劳动者的劳动报酬或者有能力支付而不支付劳动者的劳动报酬,数额较大,经政府有关部门责令支付仍不支付的,处三年以下有期徒刑或者拘役,并处或者单处罚金;造成严重后果的,处三年以上七年以下有期徒刑,并处罚金。"

"单位犯前款罪的,对单位判处罚金,并对其直接负责的主管人员和其他直接责任人员,依照前款的规定处罚。"

"有前两款行为,尚未造成严重后果,在提起公诉前支付劳动者的劳动报酬,并依法承担相应赔偿责任的,可以减轻或者免除处罚。"

工伤保险条例

（2003 年 4 月 27 日中华人民共和国国务院令第 375 号公布，根据 2010 年 12 月 20 日《国务院关于修改〈工伤保险条例〉的决定》修订。）

第一章 总   则

第一条 为了保障因工作遭受事故伤害或者患职业病的职工获得医疗救治和经济补偿，促进工伤预防和职业康复，分散用人单位的工伤风险，制定本条例。

第二条 中华人民共和国境内的企业、事业单位、社会团体、民办非企业单位、基金会、律师事务所、会计师事务所等组织和有雇工的个体工商户（以下称用人单位）应当依照本条例规定参加工伤保险，为本单位全部职工或者雇工（以下称职工）缴纳工伤保险费。

中华人民共和国境内的企业、事业单位、社会团体、民办非企业单位、基金会、律师事务所、会计师事务所等组织的职工和个体工商户的雇工，均有依照本条例的规定享受工伤保险待遇的权利。

第三条 工伤保险费的征缴按照《社会保险费征缴暂

行条例》关于基本养老保险费、基本医疗保险费、失业保险费的征缴规定执行。

第四条 用人单位应当将参加工伤保险的有关情况在本单位内公示。

用人单位和职工应当遵守有关安全生产和职业病防治的法律法规，执行安全卫生规程和标准，预防工伤事故发生，避免和减少职业病危害。

职工发生工伤时，用人单位应当采取措施使工伤职工得到及时救治。

第五条 国务院社会保险行政部门负责全国的工伤保险工作。

县级以上地方各级人民政府社会保险行政部门负责本行政区域内的工伤保险工作。

社会保险行政部门按照国务院有关规定设立的社会保险经办机构(以下称经办机构)具体承办工伤保险事务。

第六条 社会保险行政部门等部门制定工伤保险的政策、标准，应当征求工会组织、用人单位代表的意见。

第二章 工伤保险基金

第七条 工伤保险基金由用人单位缴纳的工伤保险费、工伤保险基金的利息和依法纳入工伤保险基金的其他资金构成。

第八条 工伤保险费根据以支定收、收支平衡的原则，确定费率。

国家根据不同行业的工伤风险程度确定行业的差别费率,并根据工伤保险费使用、工伤发生率等情况在每个行业内确定若干费率档次。行业差别费率及行业内费率档次由国务院社会保险行政部门制定,报国务院批准后公布施行。

统筹地区经办机构根据用人单位工伤保险费使用、工伤发生率等情况,适用所属行业内相应的费率档次确定单位缴费费率。

第九条 国务院社会保险行政部门应当定期了解全国各统筹地区工伤保险基金收支情况,及时提出调整行业差别费率及行业内费率档次的方案,报国务院批准后公布施行。

第十条 用人单位应当按时缴纳工伤保险费。职工个人不缴纳工伤保险费。

用人单位缴纳工伤保险费的数额为本单位职工工资总额乘以单位缴费费率之积。

对难以按照工资总额缴纳工伤保险费的行业,其缴纳工伤保险费的具体方式,由国务院社会保险行政部门规定。

第十一条 工伤保险基金逐步实行省级统筹。

跨地区、生产流动性较大的行业,可以采取相对集中的方式异地参加统筹地区的工伤保险。具体办法由国务院社会保险行政部门会同有关行业的主管部门制定。

第十二条 工伤保险基金存入社会保障基金财政专

户,用于本条例规定的工伤保险待遇,劳动能力鉴定,工伤预防的宣传、培训等费用,以及法律、法规规定的用于工伤保险的其他费用的支付。

工伤预防费用的提取比例、使用和管理的具体办法,由国务院社会保险行政部门会同国务院财政、卫生行政、安全生产监督管理等部门规定。

任何单位或者个人不得将工伤保险基金用于投资运营、兴建或者改建办公场所、发放奖金,或者挪作其他用途。

第十三条 工伤保险基金应当留有一定比例的储备金,用于统筹地区重大事故的工伤保险待遇支付;储备金不足支付的,由统筹地区的人民政府垫付。储备金占基金总额的具体比例和储备金的使用办法,由省、自治区、直辖市人民政府规定。

第三章 工伤认定

第十四条 职工有下列情形之一的,应当认定为工伤:

(一)在工作时间和工作场所内,因工作原因受到事故伤害的;

(二)工作时间前后在工作场所内,从事与工作有关的预备性或者收尾性工作受到事故伤害的;

(三)在工作时间和工作场所内,因履行工作职责受到暴力等意外伤害的;

（四）患职业病的；

（五）因工外出期间，由于工作原因受到伤害或者发生事故下落不明的；

（六）在上下班途中，受到非本人主要责任的交通事故或者城市轨道交通、客运轮渡、火车事故伤害的；

（七）法律、行政法规规定应当认定为工伤的其他情形。

第十五条 职工有下列情形之一的，视同工伤：

（一）在工作时间和工作岗位，突发疾病死亡或者在48小时之内经抢救无效死亡的；

（二）在抢险救灾等维护国家利益、公共利益活动中受到伤害的；

（三）职工原在军队服役，因战、因公负伤致残，已取得革命伤残军人证，到用人单位后旧伤复发的。

职工有前款第（一）项、第（二）项情形的，按照本条例的有关规定享受工伤保险待遇；职工有前款第（三）项情形的，按照本条例的有关规定享受除一次性伤残补助金以外的工伤保险待遇。

第十六条 职工符合本条例第十四条、第十五条的规定，但是有下列情形之一的，不得认定为工伤或者视同工伤：

（一）故意犯罪的；

（二）醉酒或者吸毒的；

（三）自残或者自杀的。

第十七条　职工发生事故伤害或者按照职业病防治法规定被诊断、鉴定为职业病,所在单位应当自事故伤害发生之日或者被诊断、鉴定为职业病之日起 30 日内,向统筹地区社会保险行政部门提出工伤认定申请。遇有特殊情况,经报社会保险行政部门同意,申请时限可以适当延长。

用人单位未按前款规定提出工伤认定申请的,工伤职工或者其近亲属、工会组织在事故伤害发生之日或者被诊断、鉴定为职业病之日起 1 年内,可以直接向用人单位所在地统筹地区社会保险行政部门提出工伤认定申请。

按照本条第一款规定应当由省级社会保险行政部门进行工伤认定的事项,根据属地原则由用人单位所在地的设区的市级社会保险行政部门办理。

用人单位未在本条第一款规定的时限内提交工伤认定申请,在此期间发生符合本条例规定的工伤待遇等有关费用由该用人单位负担。

第十八条　提出工伤认定申请应当提交下列材料:

(一)工伤认定申请表;

(二)与用人单位存在劳动关系(包括事实劳动关系)的证明材料;

(三)医疗诊断证明或者职业病诊断证明书(或者职业病诊断鉴定书)。

工伤认定申请表应当包括事故发生的时间、地点、原因以及职工伤害程度等基本情况。

工伤认定申请人提供材料不完整的,社会保险行政部门应当一次性书面告知工伤认定申请人需要补正的全部材料。申请人按照书面告知要求补正材料后,社会保险行政部门应当受理。

第十九条 社会保险行政部门受理工伤认定申请后,根据审核需要可以对事故伤害进行调查核实,用人单位、职工、工会组织、医疗机构以及有关部门应当予以协助。职业病诊断和诊断争议的鉴定,依照职业病防治法的有关规定执行。对依法取得职业病诊断证明书或者职业病诊断鉴定书的,社会保险行政部门不再进行调查核实。

职工或者其近亲属认为是工伤,用人单位不认为是工伤的,由用人单位承担举证责任。

第二十条 社会保险行政部门应当自受理工伤认定申请之日起 60 日内作出工伤认定的决定,并书面通知申请工伤认定的职工或者其近亲属和该职工所在单位。

社会保险行政部门对受理的事实清楚、权利义务明确的工伤认定申请,应当在 15 日内作出工伤认定的决定。

作出工伤认定决定需要以司法机关或者有关行政主管部门的结论为依据的,在司法机关或者有关行政主管部门尚未作出结论期间,作出工伤认定决定的时限中止。

社会保险行政部门工作人员与工伤认定申请人有利害关系的,应当回避。

第四章 劳动能力鉴定

第二十一条 职工发生工伤,经治疗伤情相对稳定后存在残疾、影响劳动能力的,应当进行劳动能力鉴定。

第二十二条 劳动能力鉴定是指劳动功能障碍程度和生活自理障碍程度的等级鉴定。

劳动功能障碍分为十个伤残等级,最重的为一级,最轻的为十级。

生活自理障碍分为三个等级:生活完全不能自理、生活大部分不能自理和生活部分不能自理。

劳动能力鉴定标准由国务院社会保险行政部门会同国务院卫生行政部门等部门制定。

第二十三条 劳动能力鉴定由用人单位、工伤职工或者其近亲属向设区的市级劳动能力鉴定委员会提出申请,并提供工伤认定决定和职工工伤医疗的有关资料。

第二十四条 省、自治区、直辖市劳动能力鉴定委员会和设区的市级劳动能力鉴定委员会分别由省、自治区、直辖市和设区的市级社会保险行政部门、卫生行政部门、工会组织、经办机构代表以及用人单位代表组成。

劳动能力鉴定委员会建立医疗卫生专家库。列入专家库的医疗卫生专业技术人员应当具备下列条件:

(一)具有医疗卫生高级专业技术职务任职资格;

(二)掌握劳动能力鉴定的相关知识;

(三)具有良好的职业品德。

第二十五条 设区的市级劳动能力鉴定委员会收到劳动能力鉴定申请后,应当从其建立的医疗卫生专家库中随机抽取3名或者5名相关专家组成专家组,由专家组提出鉴定意见。设区的市级劳动能力鉴定委员会根据专家组的鉴定意见作出工伤职工劳动能力鉴定结论;必要时,可以委托具备资格的医疗机构协助进行有关的诊断。

设区的市级劳动能力鉴定委员会应当自收到劳动能力鉴定申请之日起60日内作出劳动能力鉴定结论,必要时,作出劳动能力鉴定结论的期限可以延长30日。劳动能力鉴定结论应当及时送达申请鉴定的单位和个人。

第二十六条 申请鉴定的单位或者个人对设区的市级劳动能力鉴定委员会作出的鉴定结论不服的,可以在收到该鉴定结论之日起15日内向省、自治区、直辖市劳动能力鉴定委员会提出再次鉴定申请。省、自治区、直辖市劳动能力鉴定委员会作出的劳动能力鉴定结论为最终结论。

第二十七条 劳动能力鉴定工作应当客观、公正。劳动能力鉴定委员会组成人员或者参加鉴定的专家与当事人有利害关系的,应当回避。

第二十八条 自劳动能力鉴定结论作出之日起1年后,工伤职工或者其近亲属、所在单位或者经办机构认为伤残情况发生变化的,可以申请劳动能力复查鉴定。

第二十九条 劳动能力鉴定委员会依照本条例第二十六条和第二十八条的规定进行再次鉴定和复查鉴定的期限,依照本条例第二十五条第二款的规定执行。

第五章　工伤保险待遇

第三十条　职工因工作遭受事故伤害或者患职业病进行治疗，享受工伤医疗待遇。

职工治疗工伤应当在签订服务协议的医疗机构就医，情况紧急时可以先到就近的医疗机构急救。

治疗工伤所需费用符合工伤保险诊疗项目目录、工伤保险药品目录、工伤保险住院服务标准的，从工伤保险基金支付。工伤保险诊疗项目目录、工伤保险药品目录、工伤保险住院服务标准，由国务院社会保险行政部门会同国务院卫生行政部门、食品药品监督管理部门等部门规定。

职工住院治疗工伤的伙食补助费，以及经医疗机构出具证明，报经办机构同意，工伤职工到统筹地区以外就医所需的交通、食宿费用从工伤保险基金支付，基金支付的具体标准由统筹地区人民政府规定。

工伤职工治疗非工伤引发的疾病，不享受工伤医疗待遇，按照基本医疗保险办法处理。

工伤职工到签订服务协议的医疗机构进行工伤康复的费用，符合规定的，从工伤保险基金支付。

第三十一条　社会保险行政部门作出认定为工伤的决定后发生行政复议、行政诉讼的，行政复议和行政诉讼期间不停止支付工伤职工治疗工伤的医疗费用。

第三十二条工伤职工因日常生活或者就业需要，经劳动能力鉴定委员会确认，可以安装假肢、矫形器、假眼、假牙和配置轮椅等辅助器具,所需费用按照国家规定的标准从工伤保险基金支付。

第三十三条 职工因工作遭受事故伤害或者患职业病需要暂停工作接受工伤医疗的,在停工留薪期内,原工资福利待遇不变,由所在单位按月支付。

停工留薪期一般不超过 12 个月。伤情严重或者情况特殊,经设区的市级劳动能力鉴定委员会确认,可以适当延长,但延长不得超过 12 个月。工伤职工评定伤残等级后,停发原待遇,按照本章的有关规定享受伤残待遇。工伤职工在停工留薪期满后仍需治疗的,继续享受工伤医疗待遇。

生活不能自理的工伤职工在停工留薪期需要护理的,由所在单位负责。

第三十四条 工伤职工已经评定伤残等级并经劳动能力鉴定委员会确认需要生活护理的,从工伤保险基金按月支付生活护理费。

生活护理费按照生活完全不能自理、生活大部分不能自理或者生活部分不能自理 3 个不同等级支付,其标准分别为统筹地区上年度职工月平均工资的 50%、40% 或者30%。

第三十五条 职工因工致残被鉴定为一级至四级伤残的,保留劳动关系,退出工作岗位,享受以下待遇:

(一)从工伤保险基金按伤残等级支付一次性伤残补助金,标准为:一级伤残为 27 个月的本人工资,二级伤残

为 25 个月的本人工资,三级伤残为 23 个月的本人工资,四级伤残为 21 个月的本人工资;

(二)从工伤保险基金按月支付伤残津贴,标准为:一级伤残为本人工资的 90%,二级伤残为本人工资的 85%,三级伤残为本人工资的 80%,四级伤残为本人工资的 75%。伤残津贴实际金额低于当地最低工资标准的,由工伤保险基金补足差额;

(三)工伤职工达到退休年龄并办理退休手续后,停发伤残津贴,按照国家有关规定享受基本养老保险待遇。基本养老保险待遇低于伤残津贴的,由工伤保险基金补足差额。

职工因工致残被鉴定为一级至四级伤残的,由用人单位和职工个人以伤残津贴为基数,缴纳基本医疗保险费。

第三十六条 职工因工致残被鉴定为五级、六级伤残的,享受以下待遇:

(一)从工伤保险基金按伤残等级支付一次性伤残补助金,标准为:五级伤残为 18 个月的本人工资,六级伤残为 16 个月的本人工资;

(二)保留与用人单位的劳动关系,由用人单位安排适当工作。难以安排工作的,由用人单位按月发给伤残津贴,标准为:五级伤残为本人工资的 70%,六级伤残为本人工资的 60%,并由用人单位按照规定为其缴纳应缴纳的各项社会保险费。伤残津贴实际金额低于当地最低工资标准的,由用人单位补足差额。

经工伤职工本人提出,该职工可以与用人单位解除或者终止劳动关系,由工伤保险基金支付一次性工伤医疗补助金,由用人单位支付一次性伤残就业补助金。一次性工伤医疗补助金和一次性伤残就业补助金的具体标准由省、自治区、直辖市人民政府规定。

第三十七条 职工因工致残被鉴定为七级至十级伤残的,享受以下待遇:

(一)从工伤保险基金按伤残等级支付一次性伤残补助金,标准为:七级伤残为 13 个月的本人工资,八级伤残为 11 个月的本人工资,九级伤残为 9 个月的本人工资,十级伤残为 7 个月的本人工资;

(二)劳动、聘用合同期满终止,或者职工本人提出解除劳动、聘用合同的,由工伤保险基金支付一次性工伤医疗补助金,由用人单位支付一次性伤残就业补助金。一次性工伤医疗补助金和一次性伤残就业补助金的具体标准由省、自治区、直辖市人民政府规定。

第三十八条 工伤职工工伤复发,确认需要治疗的,享受本条例第三十条、第三十二条和第三十三条规定的工伤待遇。

第三十九条 职工因工死亡,其近亲属按照下列规定从工伤保险基金领取丧葬补助金、供养亲属抚恤金和一次性工亡补助金:

(一)丧葬补助金为 6 个月的统筹地区上年度职工月平均工资;

（二）供养亲属抚恤金按照职工本人工资的一定比例发给由因工死亡职工生前提供主要生活来源、无劳动能力的亲属。标准为：配偶每月40%，其他亲属每人每月30%，孤寡老人或者孤儿每人每月在上述标准的基础上增加10%。核定的各供养亲属的抚恤金之和不应高于因工死亡职工生前的工资。供养亲属的具体范围由国务院社会保险行政部门规定；

（三）一次性工亡补助金标准为上一年度全国城镇居民人均可支配收入的20倍。

伤残职工在停工留薪期内因工伤导致死亡的，其近亲属享受本条第一款规定的待遇。

一级至四级伤残职工在停工留薪期满后死亡的，其近亲属可以享受本条第一款第（一）项、第（二）项规定的待遇。

第四十条　伤残津贴、供养亲属抚恤金、生活护理费由统筹地区社会保险行政部门根据职工平均工资和生活费用变化等情况适时调整。调整办法由省、自治区、直辖市人民政府规定。

第四十一条　职工因工外出期间发生事故或者在抢险救灾中下落不明的，从事故发生当月起3个月内照发工资，从第4个月起停发工资，由工伤保险基金向其供养亲属按月支付供养亲属抚恤金。生活有困难的，可以预支一次性工亡补助金的50%。职工被人民法院宣告死亡的，按照本条例第三十九条职工因工死亡的规定处理。

第四十二条　工伤职工有下列情形之一的,停止享受工伤保险待遇:

(一)丧失享受待遇条件的;

(二)拒不接受劳动能力鉴定的;

(三)拒绝治疗的。

第四十三条　用人单位分立、合并、转让的,承继单位应当承担原用人单位的工伤保险责任;原用人单位已经参加工伤保险的,承继单位应当到当地经办机构办理工伤保险变更登记。

用人单位实行承包经营的,工伤保险责任由职工劳动关系所在单位承担。

职工被借调期间受到工伤事故伤害的,由原用人单位承担工伤保险责任,但原用人单位与借调单位可以约定补偿办法。

企业破产的,在破产清算时依法拨付应当由单位支付的工伤保险待遇费用。

第四十四条　职工被派遣出境工作,依据前往国家或者地区的法律应当参加当地工伤保险的,参加当地工伤保险,其国内工伤保险关系中止;不能参加当地工伤保险的,其国内工伤保险关系不中止。

第四十五条　职工再次发生工伤,根据规定应当享受伤残津贴的,按照新认定的伤残等级享受伤残津贴待遇。

第六章　监督管理

第四十六条　经办机构具体承办工伤保险事务,履行下列职责:

(一)根据省、自治区、直辖市人民政府规定,征收工伤保险费;

(二)核查用人单位的工资总额和职工人数,办理工伤保险登记,并负责保存用人单位缴费和职工享受工伤保险待遇情况的记录;

(三)进行工伤保险的调查、统计;

(四)按照规定管理工伤保险基金的支出;

(五)按照规定核定工伤保险待遇;

(六)为工伤职工或者其近亲属免费提供咨询服务。

第四十七条　经办机构与医疗机构、辅助器具配置机构在平等协商的基础上签订服务协议,并公布签订服务协议的医疗机构、辅助器具配置机构的名单。具体办法由国务院社会保险行政部门分别会同国务院卫生行政部门、民政部门等部门制定。

第四十八条　经办机构按照协议和国家有关目录、标准对工伤职工医疗费用、康复费用、辅助器具费用的使用情况进行核查,并按时足额结算费用。

第四十九条　经办机构应当定期公布工伤保险基金的收支情况,及时向社会保险行政部门提出调整费率的建议。

第五十条　社会保险行政部门、经办机构应当定期听取工伤职工、医疗机构、辅助器具配置机构以及社会各界对改进工伤保险工作的意见。

第五十一条　社会保险行政部门依法对工伤保险费的征缴和工伤保险基金的支付情况进行监督检查。

财政部门和审计机关依法对工伤保险基金的收支、管理情况进行监督。

第五十二条　任何组织和个人对有关工伤保险的违法行为，有权举报。社会保险行政部门对举报应当及时调查，按照规定处理，并为举报人保密。

第五十三条　工会组织依法维护工伤职工的合法权益，对用人单位的工伤保险工作实行监督。

第五十四条　职工与用人单位发生工伤待遇方面的争议，按照处理劳动争议的有关规定处理。

第五十五条　有下列情形之一的，有关单位或者个人可以依法申请行政复议，也可以依法向人民法院提起行政诉讼：

（一）申请工伤认定的职工或者其近亲属、该职工所在单位对工伤认定申请不予受理的决定不服的；

（二）申请工伤认定的职工或者其近亲属、该职工所在单位对工伤认定结论不服的；

（三）用人单位对经办机构确定的单位缴费费率不服的；

（四）签订服务协议的医疗机构、辅助器具配置机构认为经办机构未履行有关协议或者规定的；

（五）工伤职工或者其近亲属对经办机构核定的工伤保险待遇有异议的。

第七章　法律责任

第五十六条　单位或者个人违反本条例第十二条规定挪用工伤保险基金，构成犯罪的，依法追究刑事责任；尚不构成犯罪的，依法给予处分或者纪律处分。被挪用的基金由社会保险行政部门追回，并入工伤保险基金；没收的违法所得依法上缴国库。

第五十七条　社会保险行政部门工作人员有下列情形之一的，依法给予处分；情节严重，构成犯罪的，依法追究刑事责任：

（一）无正当理由不受理工伤认定申请，或者弄虚作假将不符合工伤条件的人员认定为工伤职工的；

（二）未妥善保管申请工伤认定的证据材料，致使有关证据灭失的；

（三）收受当事人财物的。

第五十八条　经办机构有下列行为之一的，由社会保险行政部门责令改正，对直接负责的主管人员和其他责任人员依法给予纪律处分；情节严重，构成犯罪的，依法追究刑事责任；造成当事人经济损失的，由经办机构依法承担赔偿责任：

（一）未按规定保存用人单位缴费和职工享受工伤保

险待遇情况记录的;

（二）不按规定核定工伤保险待遇的;

（三）收受当事人财物的。

第五十九条 医疗机构、辅助器具配置机构不按服务协议提供服务的,经办机构可以解除服务协议。

经办机构不按时足额结算费用的,由社会保险行政部门责令改正;医疗机构、辅助器具配置机构可以解除服务协议。

第六十条 用人单位、工伤职工或者其近亲属骗取工伤保险待遇,医疗机构、辅助器具配置机构骗取工伤保险基金支出的,由社会保险行政部门责令退还,处骗取金额2倍以上5倍以下的罚款;情节严重,构成犯罪的,依法追究刑事责任。

第六十一条 从事劳动能力鉴定的组织或者个人有下列情形之一的,由社会保险行政部门责令改正,处2000元以上1万元以下的罚款;情节严重,构成犯罪的,依法追究刑事责任:

（一）提供虚假鉴定意见的;

（二）提供虚假诊断证明的;

（三）收受当事人财物的。

第六十二条 用人单位依照本条例规定应当参加工伤保险而未参加的,由社会保险行政部门责令限期参加,补缴应当缴纳的工伤保险费,并自欠缴之日起,按日加收万分之五的滞纳金;逾期仍不缴纳的,处欠缴数额1倍以上 3 倍以下的罚款。

依照本条例规定应当参加工伤保险而未参加工伤保险的用人单位职工发生工伤的,由该用人单位按照本条例规定的工伤保险待遇项目和标准支付费用。

用人单位参加工伤保险并补缴应当缴纳的工伤保险费、滞纳金后,由工伤保险基金和用人单位依照本条例的规定支付新发生的费用。

第六十三条　用人单位违反本条例第十九条的规定,拒不协助社会保险行政部门对事故进行调查核实的,由社会保险行政部门责令改正,处 2000 元以上 2 万元以下的罚款。

第八章　附　　则

第六十四条　本条例所称工资总额,是指用人单位直接支付给本单位全部职工的劳动报酬总额。

本条例所称本人工资,是指工伤职工因工作遭受事故伤害或者患职业病前 12 个月平均月缴费工资。本人工资高于统筹地区职工平均工资 300% 的,按照统筹地区职工平均工资的 300% 计算;本人工资低于统筹地区职工平均工资 60% 的,按照统筹地区职工平均工资的 60% 计算。

第六十五条　公务员和参照公务员法管理的事业单位、社会团体的工作人员因工作遭受事故伤害或者患职业病的,由所在单位支付费用。具体办法由国务院社会保险行政部门会同国务院财政部门规定。

第六十六条　无营业执照或者未经依法登记、备案的单位以及被依法吊销营业执照或者撤销登记、备案的单位的职工受到事故伤害或者患职业病的,由该单位向伤残职工或者死亡职工的近亲属给予一次性赔偿,赔偿标准不得低于本条例规定的工伤保险待遇;用人单位不得使用童工,用人单位使用童工造成童工伤残、死亡的,由该单位向童工或者童工的近亲属给予一次性赔偿,赔偿标准不得低于本条例规定的工伤保险待遇。具体办法由国务院社会保险行政部门规定。

前款规定的伤残职工或者死亡职工的近亲属就赔偿数额与单位发生争议的,以及前款规定的童工或者童工的近亲属就赔偿数额与单位发生争议的,按照处理劳动争议的有关规定处理。

第六十七条　本条例自 2004 年 1 月 1 日起施行。本条例施行前已受到事故伤害或者患职业病的职工尚未完成工伤认定的,按照本条例的规定执行。

人力资源社会保障行政复议办法

（2010 年 3 月 16 日　人力资源和社会保障部令　第 6 号）

总　　则

第一条　为了规范人力资源社会保障行政复议工作，根据《中华人民共和国行政复议法》（以下简称行政复议法）和《中华人民共和国行政复议法实施条例》（以下简称行政复议法实施条例），制定本办法。

第二条　公民、法人或者其他组织认为人力资源社会保障部门作出的具体行政行为侵犯其合法权益，向人力资源社会保障行政部门申请行政复议，人力资源社会保障行政部门及其法制工作机构开展行政复议相关工作，适用本办法。

第三条　各级人力资源社会保障行政部门是人力资源社会保障行政复议机关（以下简称行政复议机关），应当认真履行行政复议职责，遵循合法、公正、公开、及时、便民的原则，坚持有错必纠，保障法律、法规和人力资源社会保障规章的正确实施。

行政复议机关应当依照有关规定配备专职行政复议

人员,为行政复议工作提供财政保障。

第四条　行政复议机关负责法制工作的机构(以下简称行政复议机构)具体办理行政复议事项,履行下列职责:

(一)处理行政复议申请;

(二)向有关组织和人员调查取证,查阅文件和资料,组织行政复议听证;

(三)依照行政复议法实施条例第九条的规定,办理第三人参加行政复议事项;

(四)依照行政复议法实施条例第四十一条的规定,决定行政复议中止、恢复行政复议审理事项;

(五)依照行政复议法实施条例第四十二条的规定,拟订行政复议终止决定;

(六)审查申请行政复议的具体行政行为是否合法与适当,提出处理建议,拟订行政复议决定,主持行政复议调解,审查和准许行政复议和解协议;

(七)处理或者转送对行政复议法第七条所列有关规定的审查申请;

(八)依照行政复议法第二十九条的规定,办理行政赔偿等事项;

(九)依照行政复议法实施条例第三十七条的规定,办理鉴定事项;

(十)按照职责权限,督促行政复议申请的受理和行政复议决定的履行;

(十一)对人力资源社会保障部门及其工作人员违反

行政复议法、行政复议法实施条例和本办法规定的行为依照规定的权限和程序提出处理建议；

（十二）研究行政复议过程中发现的问题，及时向有关机关和部门提出建议，重大问题及时向行政复议机关报告；

（十三）办理因不服行政复议决定提起行政诉讼的行政应诉事项；

（十四）办理或者组织办理未经行政复议直接提起行政诉讼的行政应诉事项；

（十五）办理行政复议、行政应诉案件统计和重大行政复议决定备案事项；

（十六）组织培训；

（十七）法律、法规规定的其他职责。

第五条 专职行政复议人员应当具备与履行行政复议职责相适应的品行、专业知识和业务能力，并取得相应资格。各级人力资源社会保障部门应当保障行政复议人员参加培训的权利，应当为行政复议人员参加法律类资格考试提供必要的帮助。

第六条 行政复议人员享有下列权利：

（一）依法履行行政复议职责的行为受法律保护；

（二）获得履行行政复议职责相应的物质条件；

（三）对行政复议工作提出建议；

（四）参加培训；

（五）法律、法规和规章规定的其他权利。

行政复议人员应当履行下列义务：

（一）严格遵守宪法和法律；

（二）以事实为根据，以法律为准绳审理行政复议案件；

（三）忠于职守，尽职尽责，清正廉洁，秉公执法；

（四）依法保障行政复议参加人的合法权益；

（五）保守国家秘密、商业秘密和个人隐私；

（六）维护国家利益、社会公共利益，维护公民、法人或者其他组织的合法权益；

（七）法律、法规和规章规定的其他义务。

第二章　行政复议范围

第七条　有下列情形之一的，公民、法人或者其他组织可以依法申请行政复议：

（一）对人力资源社会保障部门作出的警告、罚款、没收违法所得、依法予以关闭、吊销许可证等行政处罚决定不服的；

（二）对人力资源社会保障部门作出的行政处理决定不服的；

（三）对人力资源社会保障部门作出的行政许可、行政审批不服的；

（四）对人力资源社会保障部门作出的行政确认不服的；

（五）认为人力资源社会保障部门不履行法定职责的；

（六）认为人力资源社会保障部门违法收费或者违法要求履行义务的；

（七）认为人力资源社会保障部门作出的其他具体行政行为侵犯其合法权益的。

第八条 公民、法人或者其他组织对下列事项，不能申请行政复议：

（一）人力资源社会保障部门作出的行政处分或者其他人事处理决定；

（二）劳动者与用人单位之间发生的劳动人事争议；

（三）劳动能力鉴定委员会的行为；

（四）劳动人事争议仲裁委员会的仲裁、调解等行为；

（五）已就同一事项向其他有权受理的行政机关申请行政复议的；

（六）向人民法院提起行政诉讼，人民法院已经依法受理的；

（七）法律、行政法规规定的其他情形。

第三章　行政复议申请

第一节　申请人

第九条 依照本办法规定申请行政复议的公民、法人或者其他组织为人力资源社会保障行政复议申请人。

第十条 同一行政复议案件申请人超过5人的，推选1至5名代表参加行政复议，并提交全体行政复议申请人签字的授权委托书以及全体行政复议申请人的身份证复印件。

第十一条 依照行政复议法实施条例第九条的规定，公民、法人或者其他组织申请作为第三人参加行政复议，应当提交《第三人参加行政复议申请书》，该申请书应当列明其参加行政复议的事实和理由。

申请作为第三人参加行政复议的，应当对其与被审查的具体行政行为有利害关系负举证责任。

行政复议机构通知或者同意第三人参加行政复议的，应当制作《第三人参加行政复议通知书》，送达第三人，并注明第三人参加行政复议的日期。

第十二条 申请人、第三人可以委托 1 至 2 名代理人参加行政复议。

申请人、第三人委托代理人参加行政复议的，应当向行政复议机构提交授权委托书。授权委托书应当载明下列事项：

（一）委托人姓名或者名称，委托人为法人或者其他组织的，还应当载明法定代表人或者主要负责人的姓名、职务；

（二）代理人姓名、性别、职业、住所以及邮政编码；

（三）委托事项、权限和期限；

（四）委托日期以及委托人签字或者盖章。

申请人、第三人解除或者变更委托的，应当书面报告行政复议机构。

第二节　被申请人

第十三条　公民、法人或者其他组织对人力资源社会保障部门作出的具体行政行为不服,依照本办法规定申请行政复议的,作出该具体行政行为的人力资源社会保障部门为被申请人。

第十四条　对县级以上人力资源社会保障行政部门的具体行政行为不服的,可以向上一级人力资源社会保障行政部门申请复议,也可以向该人力资源社会保障行政部门的本级人民政府申请行政复议。

对人力资源社会保障部作出的具体行政行为不服的,向人力资源社会保障部申请行政复议。

第十五条　对人力资源社会保障行政部门按照国务院规定设立的社会保险经办机构(以下简称社会保险经办机构)依照法律、法规规定作出的具体行政行为不服,可以向直接管理该社会保险经办机构的人力资源社会保障行政部门申请行政复议。

第十六条　对依法受委托的属于事业组织的公共就业服务机构、职业技能考核鉴定机构以及街道、乡镇人力资源社会保障工作机构等作出的具体行政行为不服的,可以向委托其行使行政管理职能的人力资源社会保障行政部门的上一级人力资源社会保障行政部门申请复议,也可以向该人力资源社会保障行政部门的本级人民政府申请行政复议。委托的人力资源社会保障行政部门为被申请人。

第十七条　对人力资源社会保障部门和政府其他部门以共同名义作出的具体行政行为不服的,可以向其共同的上一级行政部门申请复议。共同作出具体行政行为的人力资源社会保障部门为共同被申请人之一。

第十八条　人力资源社会保障部门设立的派出机构、内设机构或者其他组织,未经法律、法规授权,对外以自己名义作出具体行政行为的,该人力资源社会保障部门为被申请人。

第三节　行政复议申请期限

第十九条　公民、法人或者其他组织认为人力资源社会保障部门作出的具体行政行为侵犯其合法权益的,可以自知道该具体行政行为之日起 60 日内提出行政复议申请。前款规定的行政复议申请期限依照下列规定计算:

(一)当场作出具体行政行为的,自具体行政行为作出之日起计算;

(二)载明具体行政行为的法律文书直接送达的,自受送达人签收之日起计算;

(三)载明具体行政行为的法律文书依法留置送达的,自送达人和见证人在送达回证上签注的留置送达之日起计算;

(四)载明具体行政行为的法律文书邮寄送达的,自受送达人在邮件签收单上签收之日起计算;没有邮件签收单

的,自受送达人在送达回执上签名之日起计算;

(五)具体行政行为依法通过公告形式告知受送达人的,自公告规定的期限届满之日起计算;

(六)被申请人作出具体行政行为时未告知公民、法人或者其他组织,事后补充告知的,自该公民、法人或者其他组织收到补充告知的通知之日起计算;

(七)被申请人有证据材料能够证明公民、法人或者其他组织知道该具体行政行为的,自证据材料证明其知道具体行政行为之日起计算。

人力资源社会保障部门作出具体行政行为,依法应当向有关公民、法人或者其他组织送达法律文书而未送达的,视为该公民、法人或者其他组织不知道该具体行政行为。

申请人因不可抗力或者其他正当理由耽误法定申请期限的,申请期限自原因消除之日起继续计算。

第二十条 人力资源社会保障部门对公民、法人或者其他组织作出具体行政行为,应当告知其申请行政复议的权利、行政复议机关和行政复议申请期限。

第四节 行政复议申请的提出

第二十一条 申请人书面申请行政复议的,可以采取当面递交、邮寄或者传真等方式递交行政复议申请书。

有条件的行政复议机构可以接受以电子邮件形式提出的行政复议申请。

对采取传真、电子邮件方式提出的行政复议申请,行政复议机构应当告知申请人补充提交证明其身份以及确认申请书真实性的相关书面材料。

第二十二条 申请人书面申请行政复议的,应当在行政复议申请书中载明下列事项:

(一)申请人基本情况:申请人是公民的,包括姓名、性别、年龄、身份证号码、工作单位、住所、邮政编码;申请人是法人或者其他组织的,包括名称、住所、邮政编码和法定代表人或者主要负责人的姓名、职务;

(二)被申请人的名称;

(三)申请行政复议的具体行政行为、行政复议请求、申请行政复议的主要事实和理由;

(四)申请人签名或者盖章;

(五)日期。

申请人口头申请行政复议的,行政复议机构应当依照前款规定内容,当场制作行政复议申请笔录交申请人核对或者向申请人宣读,并由申请人签字确认。

第二十三条 有下列情形之一的,申请人应当提供相应的证明材料:

(一)认为被申请人不履行法定职责的,提供曾经申请被申请人履行法定职责的证明材料;

(二)申请行政复议时一并提出行政赔偿申请的,提供受具体行政行为侵害而造成损害的证明材料;

(三)属于本办法第十九条第四款情形的,提供发生不可抗力或者有其他正当理由的证明材料；

(四)需要申请人提供证据材料的其他情形。

第二十四条 申请人提出行政复议申请时错列被申请人的，行政复议机构应当告知申请人变更被申请人。

申请人变更被申请人的期间，不计入行政复议审理期限。

第二十五条 依照行政复议法第七条的规定，申请人认为具体行政行为所依据的规定不合法的，可以在对具体行政行为申请行政复议的同时一并提出对该规定的审查申请；申请人在对具体行政行为提出行政复议申请时尚不知道该具体行政行为所依据的规定的，可以在行政复议机关作出行政复议决定前向行政复议机关提出对该规定的审查申请。

第四章 行政复议受理

第二十六条 行政复议机构收到行政复议申请后，应当在5日内进行审查，按照下列情况分别作出处理：

(一)对符合行政复议法实施条例第二十八条规定条件的，依法予以受理，制作《行政复议受理通知书》和《行政复议提出答复通知书》，送达申请人和被申请人；

(二)对符合本办法第七条规定的行政复议范围，但不属于本机关受理范围的，应当书面告知申请人向有关行政复议机关提出；

(三)对不符合法定受理条件的，应当作出不予受理决定,制作《行政复议不予受理决定书》,送达申请人,该决定书中应当说明不予受理的理由和依据。

对不符合前款规定的行政复议申请,行政复议机构应当将有关处理情况告知申请人。

第二十七条 人力资源社会保障行政部门的其他工作机构收到复议申请的,应当及时转送行政复议机构。

除不符合行政复议法定条件或者不属于本机关受理的行政复议申请外,行政复议申请自行政复议机构收到之日起即为受理。

第二十八条 依照行政复议法实施条例第二十九条的规定,行政复议申请材料不齐全或者表述不清楚的,行政复议机构可以向申请人发出补正通知,一次性告知申请人需要补正的事项。

补正通知应当载明下列事项:

(一)行政复议申请书中需要修改、补充的具体内容;

(二)需要补正的证明材料;

(三)合理的补正期限;

(四)逾期未补正的法律后果。

补正期限从申请人收到补正通知之日起计算。

无正当理由逾期不补正的,视为申请人放弃行政复议申请。

申请人应当在补正期限内向行政复议机构提交需要补正的材料。补正申请材料所用时间不计入行政复议审理期限。

第二十九条 申请人依法提出行政复议申请,行政复议机关无正当理由不予受理的,上一级人力资源社会保障行政部门可以根据申请人的申请或者依职权先行督促其受理;经督促仍不受理的,应当责令其限期受理,并且制作《责令受理行政复议申请通知书》;必要时,上一级人力资源社会保障行政部门也可以直接受理。

上一级人力资源社会保障行政部门经审查认为行政复议申请不符合法定受理条件的,应当告知申请人。

第三十条 劳动者与用人单位因工伤保险待遇发生争议,向劳动人事争议仲裁委员会申请仲裁期间,又对人力资源社会保障行政部门作出的工伤认定结论不服向行政复议机关申请行政复议的,如果符合法定条件,应当予以受理。

第五章 行政复议审理和决定

第三十一条 行政复议原则上采取书面审查的办法,但是申请人提出要求或者行政复议机构认为有必要的,可以向有关组织和人员调查情况,听取申请人、被申请人和第三人的意见。

第三十二条 行政复议机构应当自行政复议申请受理之日起7日内,将行政复议申请书副本或者行政复议申请笔录复印件发送被申请人。被申请人应当自收到申请书副本或者申请笔录复印件之日起10日内,提交行政复议答复书,并提交当初作出具体行政行为的证据、依据和其他有关材料。

行政复议答复书应当载明下列事项,并加盖被申请人印章:

(一)被申请人的名称、地址、法定代表人的姓名、职务;

(二)作出具体行政行为的事实和有关证据材料;

(三)作出具体行政行为依据的法律、法规、规章和规范性文件的具体条款和内容;

(四)对申请人行政复议请求的意见和理由;

(五)日期。

被申请人应当对其提交的证据材料分类编号,对证据材料的来源、证明对象和内容作简要说明。

因不可抗力或者其他正当理由,被申请人不能在法定期限内提出书面答复、提交当初作出具体行政行为的证据、依据和其他有关材料的,可以向行政复议机关提出延期答复和举证的书面申请。

第三十三条 有下列情形之一的,行政复议机构可以实地调查核实证据:

(一)申请人或者被申请人对于案件事实的陈述有争议的;

(二)被申请人提供的证据材料之间相互矛盾的;

(三)第三人提出新的证据材料,足以推翻被申请人认定的事实的;

(四)行政复议机构认为确有必要的其他情形。

调查取证时,行政复议人员不得少于2人,并应当向当事人或者有关人员出示证件。

第三十四条 对重大、复杂的案件,申请人提出要求或者行政复议机构认为必要时,可以采取听证的方式审理。

有下列情形之一的,属于重大、复杂的案件:

(一)涉及人数众多或者群体利益的案件;

(二)具有涉外因素的案件;

(三)社会影响较大的案件;

(四)案件事实和法律关系复杂的案件;

(五)行政复议机构认为其他重大、复杂的案件。

第三十五条 公民、法人或者其他组织对人力资源社会保障部门行使法律、法规规定的自由裁量权作出的具体行政行为不服申请行政复议,在行政复议机关作出行政复议决定之前,申请人和被申请人可以在自愿、合法基础上达成和解。申请人和被申请人达成和解的,应当向行政复议机构提交书面和解协议。

书面和解协议应当载明行政复议请求、事实、理由和达成和解的结果,并且由申请人和被申请人签字或者盖章。

行政复议机构应当对申请人和被申请人提交的和解协议进行审查。和解确属申请人和被申请人的真实意思表示,和解内容不违反法律、法规的强制性规定,不损害国家利益、社会公共利益和他人合法权益的,行政复议机构应当准许和解,并终止行政复议案件的审理。

第三十六条 依照行政复议法实施条例第四十一条的规定,行政复议机构中止、恢复行政复议案件的审理,应当分别制发《行政复议中止通知书》和《行政复议恢复审理通知书》,并通知申请人、被申请人和第三人。

第三十七条 依照行政复议法实施条例第四十二条的规定,行政复议机关终止行政复议的,应当制发《行政复议终止通知书》,并通知申请人、被申请人和第三人。

第三十八条 依照行政复议法第二十八条第一款第一项规定,具体行政行为认定事实清楚,证据确凿,适用依据正确,程序合法,内容适当的,行政复议机关应当决定维持。

第三十九条 依照行政复议法第二十八条第一款第二项规定,被申请人不履行法定职责的,行政复议机关应当决定其在一定期限内履行法定职责。

第四十条 具体行政行为有行政复议法第二十八条第一款第三项规定情形之一的,行政复议机关应当决定撤销、变更该具体行政行为或者确认该具体行政行为违法;决定撤销该具体行政行为或者确认该具体行政行为违法的,可以责令被申请人在一定期限内重新作出具体行政行为。

第四十一条 被申请人未依照行政复议法第二十三条的规定提出书面答复、提交当初作出具体行政行为的证据、依据和其他有关材料的,视为该具体行政行为没有证据、依据,行政复议机关应当决定撤销该具体行政行为。

第四十二条 具体行政行为有行政复议法实施条例第四十七条规定情形之一的,行政复议机关可以作出变更决定。

第四十三条 依照行政复议法实施条例第四十八条第一款的规定,行政复议机关决定驳回行政复议申请的,应当制发《驳回行政复议申请决定书》,并通知申请人、被申请人和第三人。

第四十四条 行政复议机关依照行政复议法第二十八条的规定责令被申请人重新作出具体行政行为的,被申请人应当在法律、法规、规章规定的期限内重新作出具体行政行为;法律、法规、规章未规定期限的,重新作出具体行政行为的期限为 60 日。

公民、法人或者其他组织对被申请人重新作出的具体行政行为不服,可以依法申请行政复议或者提起行政诉讼。

第四十五条 有下列情形之一的,行政复议机关可以按照自愿、合法的原则进行调解:

(一)公民、法人或者其他组织对人力资源社会保障部门行使法律、法规规定的自由裁量权作出的具体行政行为不服申请行政复议的;

(二)当事人之间的行政赔偿或者行政补偿纠纷;

(三)其他适于调解的。

第四十六条 行政复议机关进行调解应当符合下列

要求：

（一）在查明案件事实的基础上进行；

（二）充分尊重申请人和被申请人的意愿；

（三）遵循公正、合理原则；

（四）调解结果应当符合有关法律、法规的规定；

（五）调解结果不得损害国家利益、社会公共利益或者他人合法权益。

第四十七条　申请人和被申请人经调解达成协议的，行政复议机关应当制作《行政复议调解书》。《行政复议调解书》应当载明下列内容：

（一）申请人姓名、性别、年龄、住所（法人或者其他组织的名称、地址、法定代表人或者主要负责人的姓名、职务）；

（二）被申请人的名称；

（三）申请人申请行政复议的请求、事实和理由；

（四）被申请人答复的事实、理由、证据和依据；

（五）进行调解的基本情况；

（六）调解结果；

（七）日期。

《行政复议调解书》应当加盖行政复议机关印章。《行政复议调解书》经申请人、被申请人签字或者盖章，即具有法律效力。

调解未达成协议或者调解书生效前一方反悔的，行政复议机关应当及时作出行政复议决定。

第四十八条 行政复议机关在审查申请人一并提出的作出具体行政行为所依据的规定的合法性时,应当根据具体情况,分别作出下列处理:

(一)如果该规定是由本行政机关制定的,应当在 30 日内对该规定依法作出处理结论;

(二)如果该规定是由其他人力资源社会保障行政部门制定的,应当在 7 日内按照法定程序转送制定该规定的人力资源社会保障行政部门,请其在 60 日内依法处理;

(三)如果该规定是由人民政府制定的,应当在 7 日内按照法定程序转送有权处理的国家机关依法处理。

对该规定进行审查期间,中止对具体行政行为的审查;审查结束后,行政复议机关再继续对具体行政行为的审查。

第四十九条 行政复议机关对决定撤销、变更具体行政行为或者确认具体行政行为违法并且申请人提出行政赔偿请求的下列具体行政行为,应当在行政复议决定中同时作出被申请人依法给予赔偿的决定:

(一)被申请人违法实施罚款、没收违法所得、依法予以关闭、吊销许可证等行政处罚的;

(二)被申请人造成申请人财产损失的其他违法行为。

第五十条 行政复议机关作出行政复议决定,应当制作《行政复议决定书》,载明下列事项:

(一)申请人的姓名、性别、年龄、住所(法人或者其他组织的名称、地址、法定代表人或者主要负责人的姓名、职

务);

（二）被申请人的名称、住所；

（三）申请人的行政复议请求和理由；

（四）第三人的意见；

（五）被申请人答复意见；

（六）行政复议机关认定的事实、理由,适用的法律、法规、规章以及其他规范性文件；

（七）复议决定；

（八）申请人不服行政复议决定向人民法院起诉的期限；

（九）日期。

《行政复议决定书》应当加盖行政复议机关印章。

第五十一条　行政复议机关应当根据《中华人民共和国民事诉讼法》的规定,采用直接送达、邮寄送达或者委托送达等方式,将行政复议决定送达申请人、被申请人和第三人。

第五十二条　下级行政复议机关应当及时将重大行政复议决定报上级行政复议机关备案。

第五十三条　案件审查结束后,办案人员应当及时将案卷进行整理归档。案卷保存期不少于 10 年,国家另有规定的从其规定。保存期满后的案卷,应当按照国家有关档案管理的规定处理。

案卷归档材料应当包括：

（一）行政复议申请的处理

1.行政复议申请书或者行政复议申请笔录、申请人提交的证据材料；

2.授权委托书、申请人身份证复印件、法定代表人或者主要负责人身份证明书；

3.行政复议补正通知书；

4.行政复议受理通知书和行政复议提出答复通知书；

5.行政复议不予受理决定书；

6.行政复议告知书；

7.行政复议答复书、被申请人提交的证据材料；

8.第三人参加行政复议申请书、第三人参加行政复议通知书；

9.责令限期受理行政复议申请通知书。

(二)案件审理

1.行政复议调查笔录；

2.行政复议听证记录；

3.行政复议中止通知书、行政复议恢复审理通知书；

4.行政复议和解协议；

5.行政复议延期处理通知书；

6.撤回行政复议申请书；

7.规范性文件转送函。

(三)处理结果

1.行政复议决定书；

2.行政复议调解书；

3.行政复议终止书；

4.驳回行政复议申请决定书。

(四)其他

1.行政复议文书送达回证;

2.行政复议意见书;

3.行政复议建议书;

4.其他。

第五十四条 案卷装订、归档应当达到下列要求:

(一)案卷装订整齐;

(二)案卷目录用钢笔或者签字笔填写,字迹工整;

(三)案卷材料不得涂改;

(四)卷内材料每页下方应当居中标注页码。

第六章 附则

第五十五条 本办法所称人力资源社会保障部门包括人力资源社会保障行政部门、社会保险经办机构、公共就业服务机构等具有行政职能的机构。

第五十六条 人力资源社会保障行政复议活动所需经费、办公用房以及交通、通讯、摄像、录音等设备由各级人力资源社会保障部门予以保障。

第五十七条 行政复议机关可以使用行政复议专用章。在人力资源社会保障行政复议活动中,行政复议专用章和行政复议机关印章具有同等效力。

第五十八条 本办法未规定事项,依照行政复议法、行政复议法实施条例规定执行。

第五十九条 本办法自发布之日起施行。劳动和社会保障部 1999 年 11 月 23 日发布的《劳动和社会保障行政复议办法》(劳动和社会保障部令第 5 号)同时废止。

关于废止和修改部分人力资源
和社会保障规章的决定

（2010 年 11 月 12 日　人力资源和社会保障部令　第 7 号）

　　按照《中华人民共和国立法法》规定和国务院有关要求,我部对现行人力资源和社会保障规章进行了全面清理。经研究,决定废止和修改部分人力资源和社会保障规章。现将废止和修改的规章目录予以公布。

附件 1

废止的人力资源和社会保障规章目录

序号	制定机关	规章名称	文　号	施行日期	废　止　理　由
1	劳动部	企业劳动争议调解委员会组织及工作规则	劳部发〔1993〕301 号	1993.11.5	其制定依据《中华人民共和国企业劳动争议处理条例》已被《中华人民共和国劳动争议调解仲裁法》代替。
2	劳动部	违反《中华人民共和国劳动法》行政处罚办法	劳部发〔1994〕532 号	1995.1.1	已被《中华人民共和国劳动合同法》、《劳动保障监察条例》等法律法规代替。
3	劳动部	劳动行政处罚若干规定	劳动部令第 1 号	1996.10.1	已被《劳动保障监察条例》等法律法规代替。

序号	制定机关	规章名称	文　号	施行日期	废　止　理　由
4	人事部	国家公务员考核暂行规定	人核发〔1994〕4号	1994.3.8	已被2007年1月4日颁布施行的《公务员考核规定(试行)》代替。
5	人事部	国家公务员职务任免暂行规定	人核培发〔1995〕37号	1995.3.31	已被2008年2月29日颁布施行的《公务员职务任免与职务升降规定(试行)》代替。
6	人事部	国家公务员辞职辞退暂行规定	人核培发〔1995〕77号	1995.7.18	已被2009年7月24日颁布施行的《公务员辞去公职规定(试行)》、《公务员辞退规定(试行)》代替。
7	人事部	国家公务员申诉控告暂行规定	人核培发〔1995〕91号	1995.8.11	关于公务员申诉,已被2008年5月14日颁布施行的《公务员申诉规定(试行)》代替;关于公务员控告,公务员法已作原则规定,暂行规定中有关内容与公务员法表述不一致。
8	人事部	国家公务员出国培训暂行规定	人外发〔1995〕110号	1995.9.21	其制定依据《国家公务员暂行条例》已被废止,其内容已不符合公务员培训的需要。
9	人事部	国家公务员职务升降暂行规定	人发〔1996〕13号	1996.1.29	已被2008年2月29日颁布施行的《公务员职务任免与职务升降规定(试行)》代替。
10	人事部	国家公务员被辞退后有关问题的暂行办法	人发〔1996〕64号	1996.7.19	已被2009年7月24日颁布施行的《公务员辞退规定(试行)》代替。
11	人事部	副省级市国家公务员非领导职务设置实施办法	人发〔1996〕86号	1996.9.13	已被2006年4月9日颁布施行的《综合管理类公务员非领导职务设置管理办法》代替。

附件 2

修改的人力资源和社会保障规章目录

序号	制定机关	规章名称	文　号	施行日期	修改条文
1	劳动人事部、国家教委	技工学校工作条例	劳人培〔1986〕22号	1987.1.1	将名称修改为"技工学校工作规定"。
2	人事部	全民所有制事业单位辞退专业技术人员和管理人员暂行规定	人调发〔1992〕18号	1992.10.16	将第十七条中引用的《治安管理处罚条例》修改为《中华人民共和国治安管理处罚法》。
3	劳动部	劳动监察员管理办法	劳部发〔1994〕448号	1995.1.1	将第十四条中引用的《国家公务员暂行条例》修改为《中华人民共和国公务员法》;将第十五条中的"行政处分"修改为"处分"。
4	劳动部、公安部、外交部、外经贸部	外国人在中国就业管理规定	劳部发〔1996〕29号	1996.5.1	将第二十六条中引用的《中华人民共和国企业劳动争议处理条例》修改为《中华人民共和国劳动争议调解仲裁法》。
5	人事部	专业技术人员资格考试违纪违规行为处理规定	人事部令第3号	2005.1.1	将第十六条中引用的《中华人民共和国治安管理处罚条例》修改为《中华人民共和国治安管理处罚法》。

工伤认定办法

（2010 年 12 月 31 日　人力资源和社会保障部令　第 8 号）

第一条　为规范工伤认定程序，依法进行工伤认定，维护当事人的合法权益，根据《工伤保险条例》的有关规定，制定本办法。

第二条　社会保险行政部门进行工伤认定按照本办法执行。

第三条　工伤认定应当客观公正、简捷方便，认定程序应当向社会公开。

第四条　职工发生事故伤害或者按照职业病防治法规定被诊断、鉴定为职业病，所在单位应当自事故伤害发生之日或者被诊断、鉴定为职业病之日起 30 日内，向统筹地区社会保险行政部门提出工伤认定申请。遇有特殊情况，经报社会保险行政部门同意，申请时限可以适当延长。

按照前款规定应当向省级社会保险行政部门提出工伤认定申请的，根据属地原则应当向用人单位所在地设区的市级社会保险行政部门提出。

第五条　用人单位未在规定的时限内提出工伤认定申请的，受伤害职工或者其近亲属、工会组织在事故伤害发生之日或者被诊断、鉴定为职业病之日起 1 年内，可以直接按照本办法第四条规定提出工伤认定申请。

第六条　提出工伤认定申请应当填写《工伤认定申请表》，并提交下列材料：

（一）劳动、聘用合同文本复印件或者与用人单位存在劳动关系（包括事实劳动关系）、人事关系的其他证明材料；

（二）医疗机构出具的受伤后诊断证明书或者职业病诊断证明书（或者职业病诊断鉴定书）。

第七条　工伤认定申请人提交的申请材料符合要求，属于社会保险行政部门管辖范围且在受理时限内的，社会保险行政部门应当受理。

第八条　社会保险行政部门收到工伤认定申请后，应当在 15 日内对申请人提交的材料进行审核，材料完整的，作出受理或者不予受理的决定；材料不完整的，应当以书面形式一次性告知申请人需要补正的全部材料。社会保险行政部门收到申请人提交的全部补正材料后，应当在 15 日内作出受理或者不予受理的决定。

社会保险行政部门决定受理的，应当出具《工伤认定申请受理决定书》；决定不予受理的，应当出具《工伤认定申请不予受理决定书》。

第九条　社会保险行政部门受理工伤认定申请后，可以根据需要对申请人提供的证据进行调查核实。

第十条　社会保险行政部门进行调查核实，应当由两名以上工作人员共同进行,并出示执行公务的证件。

第十一条　社会保险行政部门工作人员在工伤认定中,可以进行以下调查核实工作:

(一)根据工作需要,进入有关单位和事故现场;

(二)依法查阅与工伤认定有关的资料,询问有关人员并作出调查笔录;

(三)记录、录音、录像和复制与工伤认定有关的资料。调查核实工作的证据收集参照行政诉讼证据收集的有关规定执行。

第十二条　社会保险行政部门工作人员进行调查核实时,有关单位和个人应当予以协助。用人单位、工会组织、医疗机构以及有关部门应当负责安排相关人员配合工作,据实提供情况和证明材料。

第十三条　社会保险行政部门在进行工伤认定时,对申请人提供的符合国家有关规定的职业病诊断证明书或者职业病诊断鉴定书,不再进行调查核实。职业病诊断证明书或者职业病诊断鉴定书不符合国家规定的要求和格式的,社会保险行政部门可以要求出具证据部门重新提供。

第十四条　社会保险行政部门受理工伤认定申请后,可以根据工作需要,委托其他统筹地区的社会保险行政部门或者相关部门进行调查核实。

第十五条　社会保险行政部门工作人员进行调查核实时,应当履行下列义务:

（一）保守有关单位商业秘密以及个人隐私；

（二）为提供情况的有关人员保密。

第十六条 社会保险行政部门工作人员与工伤认定申请人有利害关系的,应当回避。

第十七条 职工或者其近亲属认为是工伤,用人单位不认为是工伤的,由该用人单位承担举证责任。用人单位拒不举证的,社会保险行政部门可以根据受伤害职工提供的证据或者调查取得的证据,依法作出工伤认定决定。

第十八条 社会保险行政部门应当自受理工伤认定申请之日起 60 日内作出工伤认定决定,出具《认定工伤决定书》或者《不予认定工伤决定书》。

第十九条 《认定工伤决定书》应当载明下列事项：

（一）用人单位全称；

（二）职工的姓名、性别、年龄、职业、身份证号码；

（三）受伤害部位、事故时间和诊断时间或职业病名称、受伤害经过和核实情况、医疗救治的基本情况和诊断结论；

（四）认定工伤或者视同工伤的依据；

（五）不服认定决定申请行政复议或者提起行政诉讼的部门和时限；

（六）作出认定工伤或者视同工伤决定的时间。

《不予认定工伤决定书》应当载明下列事项：

（一）用人单位全称；

（二）职工的姓名、性别、年龄、职业、身份证号码；

（三）不予认定工伤或者不视同工伤的依据；

（四）不服认定决定申请行政复议或者提起行政诉讼的部门和时限；

（五）作出不予认定工伤或者不视同工伤决定的时间。

《认定工伤决定书》和《不予认定工伤决定书》应当加盖社会保险行政部门工伤认定专用印章。

第二十条 社会保险行政部门受理工伤认定申请后，作出工伤认定决定需要以司法机关或者有关行政主管部门的结论为依据的，在司法机关或者有关行政主管部门尚未作出结论期间，作出工伤认定决定的时限中止，并书面通知申请人。

第二十一条 社会保险行政部门对于事实清楚、权利义务明确的工伤认定申请，应当自受理工伤认定申请之日起 15 日内作出工伤认定决定。

第二十二条 社会保险行政部门应当自工伤认定决定做出之日起 20 日内，将《认定工伤决定书》或者《不予认定工伤决定书》送达受伤害职工（或者其近亲属）和用人单位，并抄送社会保险经办机构。

《认定工伤决定书》和《不予认定工伤决定书》的送达参照民事法律有关送达的规定执行。

第二十三条 职工或者其近亲属、用人单位对不予受理决定不服或者对工伤认定决定不服的，可以依法申请行政复议或者提起行政诉讼。

第二十四条 工伤认定结束后，社会保险行政部门应当将工伤认定的有关资料保存50年。

第二十五条 用人单位拒不协助社会保险行政部门对事故伤害进行调查核实的,由社会保险行政部门责令改正,处2000元以上2万元以下的罚款。

第二十六条 本办法中的《工伤认定申请表》、《工伤认定申请受理决定书》、《工伤认定申请不予受理决定书》、《认定工伤决定书》、《不予认定工伤决定书》的样式由国务院社会保险行政部门统一制定。

第二十七条 本办法自2011年1月1日起施行。劳动和社会保障部2003年9月23日颁布的《工伤认定办法》同时废止。

附件:

1.工伤认定申请表(略)

2.工伤认定申请受理决定书(略)

3.工伤认定申请不予受理决定书(略)

4.认定工伤决定书(略)

5.不予认定工伤决定书(略)

非法用工单位伤亡人员一次性赔偿办法

（2010 年 12 月 31 日　人力资源和社会保障部令　第 9 号）

第一条　根据《工伤保险条例》第六十六条第一款的授权，制定本办法。

第二条　本办法所称非法用工单位伤亡人员，是指无营业执照或者未经依法登记、备案的单位以及被依法吊销营业执照或者撤销登记、备案的单位受到事故伤害或者患职业病的职工，或者用人单位使用童工造成的伤残、死亡童工。

前款所列单位必须按照本办法的规定向伤残职工或者死亡职工的近亲属、伤残童工或者死亡童工的近亲属给予一次性赔偿。

第三条　一次性赔偿包括受到事故伤害或者患职业病的职工或童工在治疗期间的费用和一次性赔偿金。一次性赔偿金数额应当在受到事故伤害或者患职业病的职工或童工死亡或者经劳动能力鉴定后确定。

劳动能力鉴定按照属地原则由单位所在地设区的市级劳动能力鉴定委员会办理。劳动能力鉴定费用由伤亡职工或童工所在单位支付。

第四条　职工或童工受到事故伤害或者患职业病,在劳动能力鉴定之前进行治疗期间的生活费按照统筹地区上年度职工月平均工资标准确定,医疗费、护理费、住院期间的伙食补助费以及所需的交通费等费用按照《工伤保险条例》规定的标准和范围确定,并全部由伤残职工或童工所在单位支付。

第五条　一次性赔偿金按照以下标准支付:

一级伤残的为赔偿基数的 16 倍,二级伤残的为赔偿基数的 14 倍,三级伤残的为赔偿基数的 12 倍,四级伤残的为赔偿基数的 10 倍,五级伤残的为赔偿基数的 8 倍,六级伤残的为赔偿基数的 6 倍,七级伤残的为赔偿基数的 4 倍,八级伤残的为赔偿基数的 3 倍,九级伤残的为赔偿基数的 2 倍,十级伤残的为赔偿基数的 1 倍。

前款所称赔偿基数,是指单位所在工伤保险统筹地区上年度职工年平均工资。

第六条　受到事故伤害或者患职业病造成死亡的,按照上一年度全国城镇居民人均可支配收入的 20 倍支付一次性赔偿金,并按照上一年度全国城镇居民人均可支配收入的 10 倍一次性支付丧葬补助等其他赔偿金。

第七条　单位拒不支付一次性赔偿的,伤残职工或者死亡职工的近亲属、伤残童工或者死亡童工的近亲属可以向人力资源和社会保障行政部门举报。经查证属实的,人力资源和社会保障行政部门应当责令该单位限期改正。

第八条　伤残职工或者死亡职工的近亲属、伤残童工或者死亡童工的近亲属就赔偿数额与单位发生争议的,按照劳动争议处理的有关规定处理。

第九条　本办法自 2011 年 1 月 1 日起施行。劳动和社会保障部 2003 年 9 月 23 日颁布的《非法用工单位伤亡人员一次性赔偿办法》同时废止。

部分行业企业工伤保险费缴纳办法

（2010年12月31日　人力资源和社会保障部令　第10号）

第一条　根据《工伤保险条例》第十条第三款的授权，制定本办法。

第二条　本办法所称的部分行业企业是指建筑、服务、矿山等行业中难以直接按照工资总额计算缴纳工伤保险费的建筑施工企业、小型服务企业、小型矿山企业等。

前款所称小型服务企业、小型矿山企业的划分标准可以参照《中小企业标准暂行规定》（国经贸中小企〔2003〕143号）执行。

第三条　建筑施工企业可以实行以建筑施工项目为单位，按照项目工程总造价的一定比例，计算缴纳工伤保险费。

第四条　商贸、餐饮、住宿、美容美发、洗浴以及文体娱乐等小型服务业企业以及有雇工的个体工商户，可以按照营业面积的大小核定应参保人数，按照所在统筹地区上一年度职工月平均工资的一定比例和相应的费率，计算缴纳工伤保险费；也可以按照营业额的一定比例计算缴纳工伤保险费。

第五条　小型矿山企业可以按照总产量、吨矿工资含量和相应的费率计算缴纳工伤保险费。

第六条　本办法中所列部分行业企业工伤保险费缴纳的具体计算办法，由省级社会保险行政部门根据本地区实际情况确定。

第七条　本办法自 2011 年 1 月 1 日起施行。

企业年金基金管理办法

（2011 年 2 月 12 日　人力资源和社会保障部　中国银行业监督管理委员会　中国证券监督管理委员会　中国保险监督管理委员会令　第 11 号）

第一章　总　　则

第一条　为维护企业年金各方当事人的合法权益,规范企业年金基金管理,根据劳动法、信托法、合同法、证券投资基金法等法律和国务院有关规定,制定本办法。

第二条　企业年金基金的受托管理、账户管理、托管、投资管理以及监督管理适用本办法。

本办法所称企业年金基金,是指根据依法制定的企业年金计划筹集的资金及其投资运营收益形成的企业补充养老保险基金。

第三条　建立企业年金计划的企业及其职工作为委托人,与企业年金理事会或者法人受托机构(以下简称受托人)签订受托管理合同。

受托人与企业年金基金账户管理机构(以下简称账户管理人)、企业年金基金托管机构(以下简称托管人)和企业年金基金投资管理机构(以下简称投资管理人)分别签订委托管理合同。

第四条 受托人应当将受托管理合同和委托管理合同报人力资源社会保障行政部门备案。

第五条 一个企业年金计划应当仅有一个受托人、一个账户管理人和一个托管人,可以根据资产规模大小选择适量的投资管理人。

第六条 同一企业年金计划中,受托人与托管人、托管人与投资管理人不得为同一人;建立企业年金计划的企业成立企业年金理事会作为受托人的,该企业与托管人不得为同一人;受托人与托管人、托管人与投资管理人、投资管理人与其他投资管理人的总经理和企业年金从业人员,不得相互兼任。

同一企业年金计划中,法人受托机构具备账户管理或者投资管理业务资格的,可以兼任账户管理人或者投资管理人。

第七条 法人受托机构兼任投资管理人时,应当建立风险控制制度,确保各项业务管理之间的独立性;设立独立的受托业务和投资业务部门,办公区域、运营管理流程和业务制度应当严格分离;直接负责的高级管理人员、受托业务和投资业务部门的工作人员不得相互兼任。

同一企业年金计划中,法人受托机构对待各投资管理人应当执行统一的标准和流程,体现公开、公平、公正原则。

第八条 企业年金基金缴费必须归集到受托财产托管账户,并在45日内划入投资资产托管账户。企业年金基金财产独立于委托人、受托人、账户管理人、托管人、投资管理人和其他为企业年金基金管理提供服务的自然人、法人或者其他组织的固有财产及其管理的其他财产。

企业年金基金财产的管理、运用或者其他情形取得的财产和收益,应当归入基金财产。

第九条 委托人、受托人、账户管理人、托管人、投资管理人和其他为企业年金基金管理提供服务的自然人、法人或者其他组织,因依法解散、被依法撤销或者被依法宣告破产等原因进行终止清算的,企业年金基金财产不属于其清算财产。

第十条 企业年金基金财产的债权,不得与委托人、受托人、账户管理人、托管人、投资管理人和其他为企业年金基金管理提供服务的自然人、法人或者其他组织固有财产的债务相互抵消。不同企业年金计划的企业年金基金的债权债务,不得相互抵消。

第十一条 非因企业年金基金财产本身承担的债务,不得对基金财产强制执行。

第十二条 受托人、账户管理人、托管人、投资管理人和其他为企业年金基金管理提供服务的自然人、法人或者其他组织必须恪尽职守,履行诚实、信用、谨慎、勤勉的义务。

第十三条 人力资源社会保障部负责制定企业年金

基金管理的有关政策。人力资源社会保障行政部门对企业年金基金管理进行监管。

第二章　受托人

第十四条　本办法所称受托人,是指受托管理企业年金基金的符合国家规定的养老金管理公司等法人受托机构(以下简称法人受托机构)或者企业年金理事会。

第十五条　建立企业年金计划的企业,应当通过职工大会或者职工代表大会讨论确定,选择法人受托机构作为受托人,或者成立企业年金理事会作为受托人。

第十六条　企业年金理事会由企业代表和职工代表等人员组成,也可以聘请企业以外的专业人员参加,其中职工代表不少于三分之一。理事会应当配备一定数量的专职工作人员。

第十七条　企业年金理事会中的职工代表和企业以外的专业人员由职工大会、职工代表大会或者其他形式民主选举产生。企业代表由企业方聘任。

理事任期由企业年金理事会章程规定,但每届任期不得超过三年。理事任期届满,连选可以连任。

第十八条　企业年金理事会理事应当具备下列条件:

(一) 具有完全民事行为能力;

(二) 诚实守信,无犯罪记录;

(三) 具有从事法律、金融、会计、社会保障或者其他履行企业年金理事会理事职责所必需的专业知识;

（四）具有决策能力；

（五）无个人所负数额较大的债务到期未清偿情形。

第十九条 企业年金理事会依法独立管理本企业的企业年金基金事务，不受企业方的干预，不得从事任何形式的营业性活动，不得从企业年金基金财产中提取管理费用。

第二十条 企业年金理事会会议，应当由理事本人出席；理事因故不能出席，可以书面委托其他理事代为出席，委托书中应当载明授权范围。

理事会作出决议，应当经全体理事三分之二以上通过。理事会应当对会议所议事项的决定形成会议记录，出席会议的理事应当在会议记录上签名。

第二十一条 理事应当对企业年金理事会的决议承担责任。理事会的决议违反法律、行政法规、本办法规定或者理事会章程，致使企业年金基金财产遭受损失的，理事应当承担赔偿责任。但经证明在表决时曾表明异议并记载于会议记录的，该理事可以免除责任。

企业年金理事会对外签订合同，应当由全体理事签字。

第二十二条 法人受托机构应当具备下列条件：

（一）经国家金融监管部门批准，在中国境内注册的独立法人；

（二）注册资本不少于5亿元人民币，且在任何时候都维持不少于5亿元人民币的净资产；

（三）具有完善的法人治理结构；

（四）取得企业年金基金从业资格的专职人员达到规定人数；

（五）具有符合要求的营业场所、安全防范设施和与企业年金基金受托管理业务有关的其他设施；

（六）具有完善的内部稽核监控制度和风险控制制度；

（七）近3年没有重大违法违规行为；

（八）国家规定的其他条件。

第二十三条 受托人应当履行下列职责：

（一）选择、监督、更换账户管理人、托管人、投资管理人；

（二）制定企业年金基金战略资产配置策略；

（三）根据合同对企业年金基金管理进行监督；

（四）根据合同收取企业和职工缴费，向受益人支付企业年金待遇，并在合同中约定具体的履行方式；

（五）接受委托人查询，定期向委托人提交企业年金基金管理和财务会计报告。发生重大事件时，及时向委托人和有关监管部门报告；定期向有关监管部门提交开展企业年金基金受托管理业务情况的报告；

（六）按照国家规定保存与企业年金基金管理有关的记录自合同终止之日起至少15年；

（七）国家规定和合同约定的其他职责。

第二十四条 本办法所称受益人，是指参加企业年金计划并享有受益权的企业职工。

第二十五条 有下列情形之一的,法人受托机构职责终止:

(一)违反与委托人合同约定的;

(二)利用企业年金基金财产为其谋取利益,或者为他人谋取不正当利益的;

(三)依法解散、被依法撤销、被依法宣告破产或者被依法接管的;

(四)被依法取消企业年金基金受托管理业务资格的;

(五)委托人有证据认为更换受托人符合受益人利益的;

(六)有关监管部门有充分理由和依据认为更换受托人符合受益人利益的;

(七)国家规定和合同约定的其他情形。

企业年金理事会有前款第(二)项规定情形的,企业年金理事会职责终止,由委托人选择法人受托机构担任受托人。企业年金理事会有第(一)、(三)至(七)项规定情形之一的,应当按照国家规定重新组成,或者由委托人选择法人受托机构担任受托人。

第二十六条 受托人职责终止的,委托人应当在45日内委任新的受托人。

受托人职责终止的,应当妥善保管企业年金基金受托管理资料,在45日内办理完毕受托管理业务移交手续,新受托人应当接收并行使相应职责。

第三章　账户管理人

第二十七条　本办法所称账户管理人,是指接受受托人委托管理企业年金基金账户的专业机构。

第二十八条　账户管理人应当具备下列条件:

(一) 经国家有关部门批准,在中国境内注册的独立法人;

(二) 注册资本不少于5亿元人民币,且在任何时候都维持不少于5亿元人民币的净资产;

(三) 具有完善的法人治理结构;

(四) 取得企业年金基金从业资格的专职人员达到规定人数;

(五) 具有相应的企业年金基金账户信息管理系统;

(六) 具有符合要求的营业场所、安全防范设施和与企业年金基金账户管理业务有关的其他设施;

(七) 具有完善的内部稽核监控制度和风险控制制度;

(八) 近3年没有重大违法违规行为;

(九) 国家规定的其他条件。

第二十九条　账户管理人应当履行下列职责:

(一) 建立企业年金基金企业账户和个人账户;

(二) 记录企业、职工缴费以及企业年金基金投资收益;

（三）定期与托管人核对缴费数据以及企业年金基金账户财产变化状况，及时将核对结果提交受托人；

（四）计算企业年金待遇；

（五）向企业和受益人提供企业年金基金企业账户和个人账户信息查询服务；向受益人提供年度权益报告；

（六）定期向受托人提交账户管理数据等信息以及企业年金基金账户管理报告；定期向有关监管部门提交开展企业年金基金账户管理业务情况的报告；

（七）按照国家规定保存企业年金基金账户管理档案自合同终止之日起至少15年；

（八）国家规定和合同约定的其他职责。

第三十条 有下列情形之一的，账户管理人职责终止：

（一）违反与受托人合同约定的；

（二）利用企业年金基金财产为其谋取利益，或者为他人谋取不正当利益的；

（三）依法解散、被依法撤销、被依法宣告破产或者被依法接管的；

（四）被依法取消企业年金基金账户管理业务资格的；

（五）受托人有证据认为更换账户管理人符合受益人利益的；

（六）有关监管部门有充分理由和依据认为更换账户管理人符合受益人利益的；

（七）国家规定和合同约定的其他情形。

第三十一条 账户管理人职责终止的,受托人应当在45日内确定新的账户管理人。

账户管理人职责终止的,应当妥善保管企业年金基金账户管理资料,在45日内办理完毕账户管理业务移交手续,新账户管理人应当接收并行使相应职责。

第四章 托管人

第三十二条 本办法所称托管人,是指接受受托人委托保管企业年金基金财产的商业银行。

第三十三条 托管人应当具备下列条件:

（一）经国家金融监管部门批准,在中国境内注册的独立法人;

（二）注册资本不少于50亿元人民币,且在任何时候都维持不少于50亿元人民币的净资产;

（三）具有完善的法人治理结构;

（四）设有专门的资产托管部门;

（五）取得企业年金基金从业资格的专职人员达到规定人数;

（六）具有保管企业年金基金财产的条件;

（七）具有安全高效的清算、交割系统;

（八）具有符合要求的营业场所、安全防范设施和与企业年金基金托管业务有关的其他设施;

（九）具有完善的内部稽核监控制度和风险控制制

度;

（十）近 3 年没有重大违法违规行为;

（十一）国家规定的其他条件。

第三十四条 托管人应当履行下列职责:

（一）安全保管企业年金基金财产;

（二）以企业年金基金名义开设基金财产的资金账户和证券账户等;

（三）对所托管的不同企业年金基金财产分别设置账户,确保基金财产的完整和独立;

（四）根据受托人指令,向投资管理人分配企业年金基金财产;

（五）及时办理清算、交割事宜;

（六）负责企业年金基金会计核算和估值,复核、审查和确认投资管理人计算的基金财产净值;

（七）根据受托人指令,向受益人发放企业年金待遇;

（八）定期与账户管理人、投资管理人核对有关数据;

（九）按照规定监督投资管理人的投资运作,并定期向受托人报告投资监督情况;

（十）定期向受托人提交企业年金基金托管和财务会计报告;定期向有关监管部门提交开展企业年金基金托管业务情况的报告;

（十一）按照国家规定保存企业年金基金托管业务活动记录、账册、报表和其他相关资料自合同终止之日起至少 15 年;

（十二）国家规定和合同约定的其他职责。

第三十五条 托管人发现投资管理人依据交易程序尚未成立的投资指令违反法律、行政法规、其他有关规定或者合同约定的，应当拒绝执行，立即通知投资管理人，并及时向受托人和有关监管部门报告。

托管人发现投资管理人依据交易程序已经成立的投资指令违反法律、行政法规、其他有关规定或者合同约定的，应当立即通知投资管理人，并及时向受托人和有关监管部门报告。

第三十六条 有下列情形之一的，托管人职责终止：

（一）违反与受托人合同约定的；

（二）利用企业年金基金财产为其谋取利益，或者为他人谋取不正当利益的；

（三）依法解散、被依法撤销、被依法宣告破产或者被依法接管的；

（四）被依法取消企业年金基金托管业务资格的；

（五）受托人有证据认为更换托管人符合受益人利益的；

（六）有关监管部门有充分理由和依据认为更换托管人符合受益人利益的；

（七）国家规定和合同约定的其他情形。

第三十七条 托管人职责终止的，受托人应当在 45 日内确定新的托管人。

托管人职责终止的，应当妥善保管企业年金基金托管资料,在 45 日内办理完毕托管业务移交手续,新托管人应当接收并行使相应职责。

第三十八条 禁止托管人有下列行为:

(一)托管的企业年金基金财产与其固有财产混合管理;

(二)托管的企业年金基金财产与托管的其他财产混合管理;

(三)托管的不同企业年金计划、不同企业年金投资组合的企业年金基金财产混合管理;

(四)侵占、挪用托管的企业年金基金财产;

(五)国家规定和合同约定禁止的其他行为。

第五章 投资管理人

第三十九条 本办法所称投资管理人,是指接受受托人委托投资管理企业年金基金财产的专业机构。

第四十条 投资管理人应当具备下列条件:

(一)经国家金融监管部门批准,在中国境内注册,具有受托投资管理、基金管理或者资产管理资格的独立法人;

(二)具有证券资产管理业务的证券公司注册资本不少于 10 亿元人民币,且在任何时候都维持不少于 10 亿元人民币的净资产;养老金管理公司注册资本不少于 5 亿元人民币,且在任何时候都维持不少于 5 亿元人民币的净资产;信托公司注册资本不少于 3 亿元人民币,且在任何时候都维持不少于 3 亿元人民币的净资产;基金管理公司、保险资产管理公司、证券资产管理公司或者其他专业投资机构注册资本不少于 1 亿元人民币,且在任何时候都维持不少于 1 亿元人民币的净资产;

(三) 具有完善的法人治理结构;

(四) 取得企业年金基金从业资格的专职人员达到规定人数;

(五) 具有符合要求的营业场所、安全防范设施和与企业年金基金投资管理业务有关的其他设施;

(六) 具有完善的内部稽核监控制度和风险控制制度;

(七) 近 3 年没有重大违法违规行为;

(八) 国家规定的其他条件。

第四十一条 投资管理人应当履行下列职责:

(一) 对企业年金基金财产进行投资;

(二) 及时与托管人核对企业年金基金会计核算和估值结果;

(三) 建立企业年金基金投资管理风险准备金;

(四) 定期向受托人提交企业年金基金投资管理报告;定期向有关监管部门提交开展企业年金基金投资管理业务情况的报告;

(五) 根据国家规定保存企业年金基金财产会计凭证、会计账簿、年度财务会计报告和投资记录自合同终止之日起至少 15 年;

（六）国家规定和合同约定的其他职责。

第四十二条 有下列情形之一的,投资管理人应当及时向受托人报告:

（一）企业年金基金单位净值大幅度波动的;

（二）可能使企业年金基金财产受到重大影响的有关事项;

（三）国家规定和合同约定的其他情形。

第四十三条 有下列情形之一的,投资管理人职责终止:

（一）违反与受托人合同约定的;

（二）利用企业年金基金财产为其谋取利益,或者为他人谋取不正当利益的;

（三）依法解散、被依法撤销、被依法宣告破产或者被依法接管的;

（四）被依法取消企业年金基金投资管理业务资格的;

（五）受托人有证据认为更换投资管理人符合受益人利益的;

（六）有关监管部门有充分理由和依据认为更换投资管理人符合受益人利益的;

（七）国家规定和合同约定的其他情形。

第四十四条 投资管理人职责终止的,受托人应当在45日内确定新的投资管理人。

投资管理人职责终止的,应当妥善保管企业年金基金投资管理资料,在 45 日内办理完毕投资管理业务移交手续,新投资管理人应当接收并行使相应职责。

第四十五条 禁止投资管理人有下列行为:

(一) 将其固有财产或者他人财产混同于企业年金基金财产;

(二) 不公平对待企业年金基金财产与其管理的其他财产;

(三) 不公平对待其管理的不同企业年金基金财产;

(四) 侵占、挪用企业年金基金财产;

(五) 承诺、变相承诺保本或者保证收益;

(六) 利用所管理的其他资产为企业年金计划委托人、受益人或者相关管理人谋取不正当利益;

(七) 国家规定和合同约定禁止的其他行为。

第六章 基金投资

第四十六条 企业年金基金投资管理应当遵循谨慎、分散风险的原则,充分考虑企业年金基金财产的安全性、收益性和流动性,实行专业化管理。

第四十七条 企业年金基金财产限于境内投资,投资范围包括银行存款、国债、中央银行票据、债券回购、万能保险产品、投资连结保险产品、证券投资基金、股票,以及信用等级在投资级以上的金融债、企业(公司)债、可转换债(含分离交易可转换债)、短期融资券和中期票据等金融产品。

第四十八条 每个投资组合的企业年金基金财产应当由一个投资管理人管理,企业年金基金财产以投资组合为单位按照公允价值计算应当符合下列规定:

(一) 投资银行活期存款、中央银行票据、债券回购等流动性产品以及货币市场基金的比例,不得低于投资组合企业年金基金财产净值的 5%;清算备付金、证券清算款以及一级市场证券申购资金视为流动性资产;投资债券正回购的比例不得高于投资组合企业年金基金财产净值的40%。

(二) 投资银行定期存款、协议存款、国债、金融债、企业(公司)债、短期融资券、中期票据、万能保险产品等固定收益类产品以及可转换债(含分离交易可转换债)、债券基金、投资连结保险产品(股票投资比例不高于 30%)的比例,不得高于投资组合企业年金基金财产净值的 95%。

(三) 投资股票等权益类产品以及股票基金、混合基金、投资连结保险产品(股票投资比例高于或者等于 30%)的比例,不得高于投资组合企业年金基金财产净值的30%。其中,企业年金基金不得直接投资于权证,但因投资股票、分离交易可转换债等投资品种而衍生获得的权证,应当在权证上市交易之日起 10 个交易日内卖出。

第四十九条 根据金融市场变化和投资运作情况,人力资源社会保障部会同中国银监会、中国证监会和中国保监会,适时对投资范围和比例进行调整。

第五十条 单个投资组合的企业年金基金财产,投资于一家企业所发行的股票,单期发行的同一品种短期融资券、中期票据、金融债、企业(公司)债、可转换债(含分离交易可转换债),单只证券投资基金,单个万能保险产品或者投资连结保险产品,分别不得超过该企业上述证券发行量、该基金份额或者该保险产品资产管理规模的 5%;按照公允价值计算,也不得超过该投资组合企业年金基金财产净值的 10%。

单个投资组合的企业年金基金财产,投资于经备案的符合第四十八条投资比例规定的单只养老金产品,不得超过该投资组合企业年金基金财产净值的 30%,不受上述10%规定的限制。

第五十一条 投资管理人管理的企业年金基金财产投资于自己管理的金融产品须经受托人同意。

第五十二条 因证券市场波动、上市公司合并、基金规模变动等投资管理人之外的因素致使企业年金基金投资不符合本办法第四十八条、第五十条规定的比例或者合同约定的投资比例的,投资管理人应当在可上市交易之日起 10 个交易日内调整完毕。

第五十三条 企业年金基金证券交易以现货和国务院规定的其他方式进行,不得用于向他人贷款和提供担保。

投资管理人不得从事使企业年金基金财产承担无限责任的投资。

第七章　收益分配及费用

第五十四条　账户管理人应当采用份额计量方式进行账户管理,根据企业年金基金单位净值,按周或者按日足额记入企业年金基金企业账户和个人账户。

第五十五条　受托人年度提取的管理费不高于受托管理企业年金基金财产净值的0.2%。

第五十六条　账户管理人的管理费按照每户每月不超过5元人民币的限额,由建立企业年金计划的企业另行缴纳。

保留账户和退休人员账户的账户管理费可以按照合同约定由受益人自行承担,从受益人个人账户中扣除。

第五十七条　托管人年度提取的管理费不高于托管企业年金基金财产净值的0.2%。

第五十八条　投资管理人年度提取的管理费不高于投资管理企业年金基金财产净值的1.2%。

第五十九条　根据企业年金基金管理情况,人力资源社会保障部会同中国银监会、中国证监会和中国保监会,适时对有关管理费进行调整。

第六十条　投资管理人从当期收取的管理费中,提取20%作为企业年金基金投资管理风险准备金,专项用于弥补合同终止时所管理投资组合的企业年金基金当期委托投资资产的投资亏损。

第六十一条　当合同终止时,如所管理投资组合的企业年金基金财产净值低于当期委托投资资产的,投资管理人应当用风险准备金弥补该时点的当期委托投资资产亏损,直至该投资组合风险准备金弥补完毕;如所管理投资组合的企业年金基金当期委托投资资产没有发生投资亏损或者风险准备金弥补后有剩余的,风险准备金划归投资管理人所有。

第六十二条　企业年金基金投资管理风险准备金应当存放于投资管理人在托管人处开立的专用存款账户,余额达到投资管理人所管理投资组合基金财产净值的 10%时可以不再提取。托管人不得对投资管理风险准备金账户收取费用。

第六十三条　风险准备金由投资管理人进行管理,可以投资于银行存款、国债等高流动性、低风险金融产品。风险准备金产生的投资收益,应当纳入风险准备金管理。

第八章　计划管理和信息披露

第六十四条　企业年金单一计划指受托人将单个委托人交付的企业年金基金,单独进行受托管理的企业年金计划。

企业年金集合计划指同一受托人将多个委托人交付的企业年金基金,集中进行受托管理的企业年金计划。

第六十五条　法人受托机构设立集合计划,应当制定集合计划受托管理合同,为每个集合计划确定账户管理人、托管人各一名,投资管理人至少三名;并分别与其签订委托管理合同。

集合计划受托人应当将制定的集合计划受托管理合同、签订的委托管理合同以及该集合计划的投资组合说明书报人力资源社会保障部备案。

第六十六条 一个企业年金方案的委托人只能建立一个企业年金单一计划或者参加一个企业年金集合计划。委托人加入集合计划满 3 年后,方可根据受托管理合同规定选择退出集合计划。

第六十七条 发生下列情形之一的,企业年金单一计划变更:

(一)企业年金计划受托人、账户管理人、托管人或者投资管理人变更;

(二)企业年金基金管理合同主要内容变更;

(三)企业年金计划名称变更;

(四)国家规定的其他情形。

发生前款规定情形时,受托人应当将相关企业年金基金管理合同重新报人力资源社会保障行政部门备案。

第六十八条 企业年金单一计划终止时,受托人应当组织清算组对企业年金基金财产进行清算。清算费用从企业年金基金财产中扣除。

清算组由企业代表、职工代表、受托人、账户管理人、托管人、投资管理人以及由受托人聘请的会计师事务所、律师事务所等组成。

清算组应当自清算工作完成后 3 个月内,向人力资源社会保障行政部门和受益人提交经会计师事务所审计以及律师事务所出具法律意见书的清算报告。

人力资源社会保障行政部门应当注销该企业年金计划。

第六十九条 受益人工作单位发生变化,新工作单位已经建立企业年金计划的,其企业年金个人账户权益应当转入新工作单位的企业年金计划管理。新工作单位没有建立企业年金计划的,其企业年金个人账户权益可以在原法人受托机构发起的集合计划设置的保留账户统一管理;原受托人是企业年金理事会的,由企业与职工协商选择法人受托机构管理。

第七十条 企业年金单一计划终止时,受益人企业年金个人账户权益应当转入原法人受托机构发起的集合计划设置的保留账户统一管理;原受托人是企业年金理事会的,由企业与职工协商选择法人受托机构管理。

第七十一条 发生以下情形之一的,受托人应当聘请会计师事务所对企业年金计划进行审计。审计费用从企业年金基金财产中扣除。

(一)企业年金计划连续运作满三个会计年度时;

(二)企业年金计划管理人职责终止时;

(三)国家规定的其他情形。

账户管理人、托管人、投资管理人应当自上述情况发生之日起配合会计师事务所对企业年金计划进行审计。受托人应当自上述情况发生之日起的 50 日内向委托人以及人力资源社会保障行政部门提交审计报告。

第七十二条　受托人应当在每季度结束后 30 日内向委托人提交企业年金基金管理季度报告;并应当在年度结束后 60 日内向委托人提交企业年金基金管理和财务会计年度报告。

第七十三条　账户管理人应当在每季度结束后 15 日内向受托人提交企业年金基金账户管理季度报告;并应当在年度结束后 45 日内向受托人提交企业年金基金账户管理年度报告。

第七十四条　托管人应当在每季度结束后 15 日内向受托人提交企业年金基金托管和财务会计季度报告;并应当在年度结束后 45 日内向受托人提交企业年金基金托管和财务会计年度报告。

第七十五条　投资管理人应当在每季度结束后 15 日内向受托人提交经托管人确认财务管理数据的企业年金基金投资组合季度报告;并应当在年度结束后 45 日内向受托人提交经托管人确认财务管理数据的企业年金基金投资管理年度报告。

第七十六条　法人受托机构、账户管理人、托管人和投资管理人发生下列情形之一的,应当及时向人力资源社会保障部报告;账户管理人、托管人和投资管理人应当同时抄报受托人。

(一)减资、合并、分立、依法解散、被依法撤销、决定申请破产或者被申请破产的;

（二）涉及重大诉讼或者仲裁的；

（三）董事长、总经理、直接负责企业年金业务的高级管理人员发生变动的；

（四）国家规定的其他情形。

第七十七条 受托人、账户管理人、托管人和投资管理人应当按照规定报告企业年金基金管理情况，并对所报告内容的真实性、完整性负责。

第九章 监督检查

第七十八条 法人受托机构、账户管理人、托管人、投资管理人开展企业年金基金管理相关业务，应当向人力资源社会保障部提出申请。法人受托机构、账户管理人、投资管理人向人力资源社会保障部提出申请前应当先经其业务监管部门同意，托管人向人力资源社会保障部提出申请前应当先向其业务监管部门备案。

第七十九条 人力资源社会保障部收到法人受托机构、账户管理人、托管人、投资管理人的申请后，应当组织专家评审委员会，按照规定进行审慎评审。经评审符合条件的，由人力资源社会保障部会同有关部门确认公告；经评审不符合条件的，应当书面通知申请人。

专家评审委员会由有关部门代表和社会专业人士组成。每次参加评审的专家应当从专家评审委员会中随机抽取产生。

第八十条 受托人、账户管理人、托管人、投资管理人开展企业年金基金管理相关业务,应当接受人力资源社会保障行政部门的监管。

法人受托机构、账户管理人、托管人和投资管理人的业务监管部门按照各自职责对其经营活动进行监督。

第八十一条 人力资源社会保障部依法履行监督管理职责,可以采取以下措施:

(一) 查询、记录、复制与被调查事项有关的企业年金基金管理合同、财务会计报告等资料;

(二) 询问与调查事项有关的单位和个人,要求其对有关问题做出说明、提供有关证明材料;

(三) 国家规定的其他措施。

委托人、受托人、账户管理人、托管人、投资管理人和其他为企业年金基金管理提供服务的自然人、法人或者其他组织,应当积极配合检查,如实提供有关资料,不得拒绝、阻挠或者逃避检查,不得谎报、隐匿或者销毁相关证据材料。

第八十二条 人力资源社会保障部依法进行调查或者检查时,应当至少由两人共同进行,并出示证件,承担下列义务:

(一) 依法履行职责,秉公执法,不得利用职务之便谋取私利;

(二) 保守在调查或者检查时知悉的商业秘密;

(三) 为举报人员保密。

第八十三条 法人受托机构、中央企业集团公司成立的企业年金理事会、账户管理人、托管人、投资管理人违反本办法规定或者企业年金基金管理费、信息披露相关规定的,由人力资源社会保障部责令改正。其他企业(包括中央企业子公司)成立的企业年金理事会,违反本办法规定或者企业年金基金管理费、信息披露相关规定的,由管理合同备案所在地的省、自治区、直辖市或者计划单列市人力资源社会保障行政部门责令改正。

第八十四条　受托人、账户管理人、托管人、投资管理人发生违法违规行为可能影响企业年金基金财产安全的,或者经责令改正而不改正的,由人力资源社会保障部暂停其接收新的企业年金基金管理业务。给企业年金基金财产或者受益人利益造成损害的,依法承担赔偿责任;构成犯罪的,依法追究刑事责任。

第八十五条　人力资源社会保障部将法人受托机构、账户管理人、托管人、投资管理人违法行为、处理结果以及改正情况予以记录,同时抄送业务监管部门。在企业年金基金管理资格有效期内,有三次以上违法记录或者一次以上经责令改正而不改正的,在其资格到期之后 5 年内,不再受理其开展企业年金基金管理业务的申请。

第八十六条　会计师事务所和律师事务所提供企业年金中介服务应当严格遵守相关职业准则和行业规范。

第十章　附　　则

第八十七条　企业年金基金管理,国务院另有规定的,从其规定。

第八十八条 本办法自 2011 年 5 月 1 日起施行。劳动和社会保障部、中国银行业监督管理委员会、中国证券监督管理委员会、中国保险监督管理委员会于 2004 年 2 月 23 日发布的《企业年金基金管理试行办法》(劳动保障部令第 23 号)同时废止。

统计违法违纪行为处分规定

（2009 年 3 月 25 日　监察部　人力资源和社会保障部　国家统计局令　第 18 号）

第一条　为了加强统计工作,提高统计数据的准确性和及时性,惩处和预防统计违法违纪行为,促进统计法律法规的贯彻实施,根据《中华人民共和国统计法》、《中华人民共和国行政监察法》、《中华人民共和国公务员法》、《行政机关公务员处分条例》及其他有关法律、行政法规,制定本规定。

第二条　有统计违法违纪行为的单位中负有责任的领导人员和直接责任人员,以及有统计违法违纪行为的个人,应当承担纪律责任。属于下列人员的(以下统称有关责任人员),由任免机关或者监察机关按照管理权限依法给予处分:

(一)行政机关公务员;

(二)法律、法规授权的具有公共事务管理职能的事业单位中经批准参照《中华人民共和国公务员法》管理的工作人员;

(三)行政机关依法委托的组织中除工勤人员以外的

工作人员；

（四）企业、事业单位、社会团体中由行政机关任命的人员。

法律、行政法规、国务院决定和国务院监察机关、国务院人力资源社会保障部门制定的处分规章对统计违法违纪行为的处分另有规定的，从其规定。

第三条　地方、部门以及企业、事业单位、社会团体的领导人员有下列行为之一的，给予记过或者记大过处分；情节较重的，给予降级或者撤职处分；情节严重的，给予开除处分：

（一）自行修改统计资料、编造虚假数据的；

（二）强令、授意本地区、本部门、本单位统计机构、统计人员或者其他有关机构、人员拒报、虚报、瞒报或者篡改统计资料、编造虚假数据的；

（三）对拒绝、抵制篡改统计资料或者对拒绝、抵制编造虚假数据的人员进行打击报复的；（四）对揭发、检举统计违法违纪行为的人员进行打击报复的。

有前款第（三）项、第（四）项规定行为的，应当从重处分。

第四条　地方、部门以及企业、事业单位、社会团体的领导人员，对本地区、本部门、本单位严重失实的统计数据，应当发现而未发现或者发现后不予纠正，造成不良后果的，给予警告或者记过处分；造成严重后果的，给予记大过或者降级处分；造成特别严重后果的，给予撤职或者开除处分。

第五条 各级人民政府统计机构、有关部门及其工作人员在实施统计调查活动中,有下列行为之一的,对有关责任人员,给予记过或者记大过处分;情节较重的,给予降级或者撤职处分;情节严重的,给予开除处分:

(一)强令、授意统计调查对象虚报、瞒报或者伪造、篡改统计资料的;

(二)参与篡改统计资料、编造虚假数据的。

第六条 各级人民政府统计机构、有关部门及其工作人员在实施统计调查活动中,有下列行为之一的,对有关责任人员,给予警告、记过或者记大过处分;情节较重的,给予降级处分;情节严重的,给予撤职处分:

(一)故意拖延或者拒报统计资料的;

(二)明知统计数据不实,不履行职责调查核实,造成不良后果的。

第七条 统计调查对象中的单位有下列行为之一,情节较重的,对有关责任人员,给予警告、记过或者记大过处分;情节严重的,给予降级或者撤职处分;情节特别严重的,给予开除处分:

(一)虚报、瞒报统计资料的;

(二)伪造、篡改统计资料的;

(三)拒报或者屡次迟报统计资料的;

(四)拒绝提供情况、提供虚假情况或者转移、隐匿、毁弃原始统计记录、统计台账、统计报表以及与统计有关的其他资料的。

第八条 违反国家规定的权限和程序公布统计资料，造成不良后果的，对有关责任人员，给予警告或者记过处分；情节较重的，给予记大过或者降级处分；情节严重的，给予撤职处分。

第九条 有下列行为之一，造成不良后果的，对有关责任人员，给予警告、记过或者记大过处分；情节较重的，给予降级或者撤职处分；情节严重的，给予开除处分：

（一）泄露属于国家秘密的统计资料的；

（二）未经本人同意，泄露统计调查对象个人、家庭资料的；

（三）泄露统计调查中知悉的统计调查对象商业秘密的。

第十条 包庇、纵容统计违法违纪行为的，对有关责任人员，给予记过或者记大过处分；情节较重的，给予降级或者撤职处分；情节严重的，给予开除处分。

第十一条 受到处分的人员对处分决定不服的，依照《中华人民共和国行政监察法》、《中华人民共和国公务员法》、《行政机关公务员处分条例》等有关规定，可以申请复核或者申诉。

第十二条 任免机关、监察机关和人民政府统计机构建立案件移送制度。

任免机关、监察机关查处统计违法违纪案件，认为应当由人民政府统计机构给予行政处罚的，应当将有关案件材料移送人民政府统计机构。人民政府统计机构应当依法及时查处,并将处理结果书面告知任免机关、监察机关。

人民政府统计机构查处统计行政违法案件,认为应当由任免机关或者监察机关给予处分的,应当及时将有关案件材料移送任免机关或者监察机关。任免机关或者监察机关应当依法及时查处,并将处理结果书面告知人民政府统计机构。

第十三条　有统计违法违纪行为,应当给予党纪处分的,移送党的纪律检察机关处理。涉嫌犯罪的,移送司法机关依法追究刑事责任。

第十四条　本规定由监察部、人力资源社会保障部、国家统计局负责解释。

第十五条　本规定自 2009 年 5 月 1 日起施行。

最高人民法院关于审理劳动争议案件适用法律若干问题的解释(三)

(2010年7月12日最高人民法院审判委员会第1489次会议通过,自2010年9月14日起施行。法释〔2010〕12号)

为正确审理劳动争议案件,根据《中华人民共和国劳动法》、《中华人民共和国劳动合同法》、《中华人民共和国劳动争议调解仲裁法》、《中华人民共和国民事诉讼法》等相关法律规定,结合民事审判实践,特作如下解释。

第一条 劳动者以用人单位未为其办理社会保险手续,且社会保险经办机构不能补办导致其无法享受社会保险待遇为由,要求用人单位赔偿损失而发生争议的,人民法院应予受理。

第二条 因企业自主进行改制引发的争议,人民法院应予受理。

第三条 劳动者依据劳动合同法第八十五条规定,向人民法院提起诉讼,要求用人单位支付加付赔偿金的,人民法院应予受理。

第四条 劳动者与未办理营业执照、营业执照被吊销或者营业期限届满仍继续经营的用人单位发生争议的,应当将用人单位或者其出资人列为当事人。

第五条　未办理营业执照、营业执照被吊销或者营业期限届满仍继续经营的用人单位,以挂靠等方式借用他人营业执照经营的,应当将用人单位和营业执照出借方列为当事人。

第六条　当事人不服劳动人事争议仲裁委员会作出的仲裁裁决,依法向人民法院提起诉讼,人民法院审查认为仲裁裁决遗漏了必须共同参加仲裁的当事人的,应当依法追加遗漏的人为诉讼当事人。

被追加的当事人应当承担责任的,人民法院应当一并处理。

第七条　用人单位与其招用的已经依法享受养老保险待遇或领取退休金的人员发生用工争议,向人民法院提起诉讼的,人民法院应当按劳务关系处理。

第八条　企业停薪留职人员、未达到法定退休年龄的内退人员、下岗待岗人员以及企业经营性停产放长假人员,因与新的用人单位发生用工争议,依法向人民法院提起诉讼的,人民法院应当按劳动关系处理。

第九条　劳动者主张加班费的,应当就加班事实的存在承担举证责任。但劳动者有证据证明用人单位掌握加班事实存在的证据,用人单位不提供的,由用人单位承担不利后果。

第十条　劳动者与用人单位就解除或者终止劳动合

同办理相关手续、支付工资报酬、加班费、经济补偿或者赔偿金等达成的协议，不违反法律、行政法规的强制性规定，且不存在欺诈、胁迫或者乘人之危情形的，应当认定有效。

前款协议存在重大误解或者显失公平情形，当事人请求撤销的，人民法院应予支持。

第十一条 劳动人事争议仲裁委员会作出的调解书已经发生法律效力，一方当事人反悔提起诉讼的，人民法院不予受理；已经受理的，裁定驳回起诉。

第十二条 劳动人事争议仲裁委员会逾期未作出受理决定或仲裁裁决，当事人直接提起诉讼的，人民法院应予受理，但申请仲裁的案件存在下列事由的除外：

（一）移送管辖的；

（二）正在送达或送达延误的；

（三）等待另案诉讼结果、评残结论的；

（四）正在等待劳动人事争议仲裁委员会开庭的；

（五）启动鉴定程序或者委托其他部门调查取证的；

（六）其他正当事由。

当事人以劳动人事争议仲裁委员会逾期未作出仲裁裁决为由提起诉讼的，应当提交劳动人事争议仲裁委员会出具的受理通知书或者其他已接受仲裁申请的凭证或证明。

第十三条 劳动者依据调解仲裁法第四十七条第（一）项规定，追索劳动报酬、工伤医疗费、经济补偿或者赔偿金，如果仲裁裁决涉及数项，每项确定的数额均不超过当地月最低工资标准十二个月金额的,应当按照终局裁决处理。

第十四条 劳动人事争议仲裁委员会作出的同一仲裁裁决同时包含终局裁决事项和非终局裁决事项,当事人不服该仲裁裁决向人民法院提起诉讼的,应当按照非终局裁决处理。

第十五条 劳动者依据调解仲裁法第四十八条规定向基层人民法院提起诉讼,用人单位依据调解仲裁法第四十九条规定向劳动人事争议仲裁委员会所在地的中级人民法院申请撤销仲裁裁决的,中级人民法院应不予受理;已经受理的,应当裁定驳回申请。

被人民法院驳回起诉或者劳动者撤诉的,用人单位可以自收到裁定书之日起三十日内,向劳动人事争议仲裁委员会所在地的中级人民法院申请撤销仲裁裁决。

第十六条 用人单位依照调解仲裁法第四十九条规定向中级人民法院申请撤销仲裁裁决,中级人民法院作出的驳回申请或者撤销仲裁裁决的裁定为终审裁定。

第十七条 劳动者依据劳动合同法第三十条第二款和调解仲裁法第十六条规定向人民法院申请支付令,符合民事诉讼法第十七章督促程序规定的,人民法院应予受理。依据劳动合同法第三十条第二款规定申请支付令被人民法院裁定终结督促程序后,劳动者就劳动争议事项直接向人民法院起诉的,人民法院应当告知其先向劳动人事争议仲裁委员会申请仲裁。

依据调解仲裁法第十六条规定申请支付令被人民法院裁定终结督促程序后,劳动者依据调解协议直接向人民法院提起诉讼的,人民法院应予受理。

第十八条 劳动人事争议仲裁委员会作出终局裁决,劳动者向人民法院申请执行,用人单位向劳动人事争议仲裁委员会所在地的中级人民法院申请撤销的,人民法院应当裁定中止执行。

用人单位撤回撤销终局裁决申请或者其申请被驳回的,人民法院应当裁定恢复执行。仲裁裁决被撤销的,人民法院应当裁定终结执行。

用人单位向人民法院申请撤销仲裁裁决被驳回后,又在执行程序中以相同理由提出不予执行抗辩的,人民法院不予支持。

国务院法制办对《关于〈职工带薪年休假条例〉有关问题的请示》的复函

(2009 年 1 月 6 日　国法秘政函〔2009〕5 号)

人力资源和社会保障部办公厅:

你厅《关于〈职工带薪年休假条例〉有关问题的请示》(人社厅函〔2008〕421 号)收悉。经研究,现函复如下:

一、《职工带薪年休假条例》(以下简称条例)第二条规定的"职工连续工作 1 年以上",没有限定必须是同一单位,因此,既包括职工在同一单位连续工作 1 年以上的情形,也包括职工在不同单位连续工作 1 年以上的情形。

二、条例第三条规定的"累计工作"时间,是指条例第二条规定的"机关、团体、企业、事业单位、民办非企业单位、有雇工的个体工商户等单位"的职工从事全日制工作的时间。

人力资源和社会保障部办公厅
关于《企业职工带薪年休假实施办法》
有关问题的复函

（2009 年 4 月 15 日　人社厅函〔2009〕149 号）

上海市人力资源和社会保障局：

你局《关于〈企业职工带薪年休假实施办法〉若干问题的请示》（沪人社福字〔2008〕15 号）收悉。经研究，现函复如下：

一、关于带薪年休假的享受条件

《企业职工带薪年休假实施办法》第三条中的"职工连续工作满 12 个月以上"，既包括职工在同一用人单位连续工作满 12 个月以上的情形，也包括职工在不同用人单位连续工作满 12 个月以上的情形。

二、关于累计工作时间的确定

《企业职工带薪年休假实施办法》第四条中的"累计工作时间"，包括职工在机关、团体、企业、事业单位、民办非企业单位、有雇工的个体工商户等单位从事全日制工作期间，以及依法服兵役和其他按照国家法律、行政法规和国务院规定可以计算为工龄的期间（视同工作期间）。职工的累计工作时间可以根据档案记载、单位缴纳社保费记录、劳动合同或者其他具有法律效力的证明材料确定。

劳动和社会保障部
关于职工全年月平均工作时间和
工资折算问题的通知

(2008 年 1 月 3 日　劳社部发〔2008〕3 号)

各省、自治区、直辖市劳动和社会保障厅(局):

根据《全国年节及纪念日放假办法》(国务院令第 513 号)的规定,全体公民的节日假期由原来的 10 天增设为 11 天。据此,职工全年月平均制度工作天数和工资折算办法分别调整如下:

一、制度工作时间的计算

年工作日:365 天 – 104 天(休息日) – 11 天(法定节假日) = 250 天

季工作日:250 天 ÷ 4 季 = 62.5 天/季

月工作日:250 天 ÷ 12 月 = 20.83 天/月

工作小时数的计算:以月、季、年的工作日乘以每日的 8 小时。

二、日工资、小时工资的折算

按照《劳动法》第五十一条的规定,法定节假日用人单位应当依法支付工资,即折算日工资、小时工资时不剔除

国家规定的 11 天法定节假日。据此,日工资、小时工资的折算为:

日工资:月工资收入÷月计薪天数

小时工资:月工资收入÷(月计薪天数×8 小时)。

月计薪天数 = (365 天 − 104 天)÷12 月 = 21.75 天

三、2000 年 3 月 17 日劳动保障部发布的《关于职工全年月平均工作时间和工资折算问题的通知》(劳社部发〔2000〕8 号)同时废止。

北京市劳动和社会保障局
关于印发北京市企业实行综合计算工时
工作制和不定时工作制办法的通知

（2003 年 12 月 9 日　京劳社资发〔2003〕157 号）

根据《中华人民共和国劳动法》和国家有关规定，我们制定了《北京市企业实行综合计算工时工作制和不定时工作制办法》，现下发执行。此前，已经市、区县劳动和社会保障行政部门批准实行不定时工作制和综合计算工时工作制且未超过实行年限的企业，须在 2004 年 12 月 31 日前报注册所在地区、县劳动和社会保障局重新核准。

附件：《北京市企业实行综合计算工时工作制和不定时工作制的办法》

北京市企业实行综合计算工时
工作制和不定时工作制的办法

第一条　根据《中华人民共和国劳动法》和国家有关

规定,结合本市实际情况,制定本办法。

第二条　本办法适用于本市行政区域内的企业及外地企业在京设立的分支机构,中央在京直属企业按劳动和社会保障部规定执行。

第三条　企业应当实行职工每日工作 8 小时,每周工作 40 小时的标准工时制度。

第四条　企业确因生产经营特点和工作的特殊性不能实行每日工作 8 小时,每周工作 40 小时的,经申报、批准可以实行综合计算工时工作制或者不定时工作制。

第五条　职工的工作时间包括工艺准备、工艺结束时间、作业时间、职工自然需要的中断时间和工艺中断时间。

第六条　综合计算工时工作制是指采用以周、月、季、年等为周期综合计算工作时间的工时制度。

综合计算工时工作制适用于从事下列工种或者岗位的人员:

(一)因工作性质需连续作业的;

(二)生产经营受季节及自然条件限制的;

(三)受外界因素影响,生产任务不均衡的;

(四)因职工家庭距工作地点较远,采用集中工作、集中休息的;

(五)实行轮班作业的;

(六)可以定期集中安排休息、休假的。

第七条　企业实行综合计算工时工作制,应分别以周、月、季、年为周期综合计算工作时间,但其平均日工作时间和平均周工作时间应与法定标准工作时间相同,即平均每日工作不超过 8 小时,平均每周工作不超过 40 小时。

对于从事第三级以上(含第三级)体力劳动强度工作的职工,每日连续工作时间不得超过 11 小时,每周至少休息 1 天。

第八条　实行综合计算工时工作制的企业,在综合计算周期内,某一具体日(或周)的实际工作时间可以超过 8 小时(或 40 小时),但综合计算周期内的总实际工作时间不应超过总法定标准工作时间,超过部分应视为延长工作时间并按《劳动法》第四十四条第一款的规定支付劳动报酬,其中法定休假日安排职工工作的,按《劳动法》第四十四条第三款的规定支付职工工资报酬。企业延长工作时间平均每月不得超过 36 小时。

第九条　实行综合计算工时工作制的职工,综合计算工作时间的计算周期不得超过本人劳动合同尚未履行的时间。如果企业与职工终止、解除劳动合同时,其综合计算工作时间的计算周期尚未结束的,对职工的实际工作时间超过法定标准工作时间的部分,企业应按《劳动法》第四十四条第二款的规定支付劳动报酬。

第十条　实行综合计算工时工作制的企业可采用集中工作、集中休息、轮休调休等适当方式,确保职工的身体健康和生产、工作任务的完成。

第十一条　不定时工作制是指因企业生产特点、工作特殊需要或职责范围的关系,无法按标准工作时间安排工作或因工作时间不固定,需要机动作业的职工所采用的弹性工时制度。

不定时工作制适用于从事下列工种或者岗位的人员:

(一)高级管理人员;

(二)外勤、推销人员;

(三)长途运输人员;

(四)长驻外埠的人员;

(五)非生产性值班人员;

(六)可以自主决定工作、休息时间的特殊工作岗位的其他人员。

第十二条 对于实行不定时工作制的职工,企业应当根据标准工时制度合理确定职工的劳动定额或其他考核标准,保障职工休息权力。

第十三条 企业对实行综合计算工时工作制或不定时工作制的职工,应依法落实国家和本市关于女职工和未成年工的相关保护规定,合理调整其工作时间和生产定额。

第十四条 企业实行综合计算工时工作制或不定时工作制,应当与工会、职工代表大会或劳动者协商,企业的工作和休息制度,应向职工公示。

第十五条 企业实行综合计算工时工作制和不定时工作制,应向企业营业执照注册地的区、县劳动和社会保障局申报,并报送以下资料:

(一)企业营业执照副本及复印件;

（二）《北京市企业实行综合计算工时工作制和不定时工作制申报表》。

第十六条 区、县劳动和社会保障局对实行不定时工作制企业批准的实行时限为一至三年；实行综合计算工时工作制的企业在申报的岗位未发生变化的情况下，区、县劳动和社会保障局在批准时可以不规定实行时限，但因生产任务不均衡而实行综合计算工时工作制的企业，批准其实行时限为一至三年。

企业中的高级管理人员实行不定时工作制，不办理审批手续。

国家和本市已规定实行特殊工时制度的企业不再履行审批手续。

第十七条 经区、县劳动和社会保障局批准实行不定时工作制和综合计算工时工作制的企业出现下列情形应重新申报：

（一）企业法人名称发生变化的；

（二）综合计算工时工作制或不定时工作制批准实行时限已满的；

（三）企业实行综合计算工时工作制和不定时工作制的工种岗位发生变化的。

第十八条 区、县劳动和社会保障局应在接到企业申报材料 10 个工作日内，提出审批意见，对符合实行综合计算工时工作制和不定时工作制条件的企业，予以批准，并在《北京市企业实行综合计算工时工作制和不定时工作审批表》中签署审批意见。

对不符合实行综合计算工时工作制和不定时工作制条件的企业，应说明理由并书面通知申报企业。

《北京市企业实行综合计算工时工作制和不定时工作制审批表》一式三份，由区、县劳动和社会保障局、申报企业、企业工会或职工代表各执一份。

第十九条 本办法自 2004 年 1 月 1 日起实行。1995年 1 月 1 日原北京市劳动局发布的《北京市企业实行不定时工作制和综合计算工时工作制的暂行办法》同时废止。

附件：1.《北京市企业实行综合计算工时工作制和不定时工作制申报表》(略)
2.《北京市企业实行综合计算工时工作制和不定时工作制审批表》(略)

北京市劳动和社会保障局
关于印发《北京市企业实行综合计算
工时工作制和不定时工作制
行政许可实施规定》的通知

(2005 年 7 月 8 日　京劳社资发〔2005〕94 号)

各区、县劳动和社会保障局,北京经济技术开发区人事劳动局:

根据《行政许可法》,我们制定了《北京市企业实行综合计算工时工作制和不定时工作制行政许可实施规定》,现印发给你们。请认真贯彻落实,做好综合计算工时工作制和不定时工作制的审批工作。

根据《北京市企业实行综合计算工时工作制和不定时工作制的办法》(京劳社资发〔2003〕157 号)的规定,凡在2004 年 1 月 1 日前已经市、区县劳动和社会保障行政部门批准实行特殊工时制度的企业,未在 2004 年 12 月 31 日前经企业注册地区、县劳动保障行政部门重新核准的,原审批决定一律废止。

附件:北京市企业实行综合计算工时工作制和不定时工作制行政许可实施规定

附件:

北京市企业实行综合计算工时工作制和不定时工作制行政许可实施规定

第一条 为规范北京市企业实行综合计算工时工作制和不定时工作制(以下统称特殊工时制度)行政许可程序,根据《行政许可法》,结合本市实际情况,制定本规定。

第二条 本市行政区域内的企业以及外地企业在京设立的分支机构(以下统称企业)根据《北京市企业实行综合计算工时工作制和不定时工作制的办法》(京劳社资发〔2003〕157号,以下简称157号文件)申请实行特殊工时制度,按本规定办理。

第三条 企业实行特殊工时制度,应向企业法人营业执照注册地的区、县劳动保障行政部门提出申请。外地企业在京设立的分支机构经法人授权后向企业营业执照注册地的区、县劳动保障行政部门申请。

第四条 企业申请实行特殊工时制度应当提交以下材料:

（一）《北京市企业实行综合计算工时工作制和不定时工作制申报表》；

（二）企业法人营业执照副本及复印件（外地在京分支机构提交法人授权书、营业执照副本及复印件）；

（三）申请说明书，重点说明不能实行标准工时制度需要实行特殊工时制度的具体原因，涉及的岗位、人数以及综合计算工时工作制的计算周期、工作方式和休息制度；

（四）企业工会对实行特殊工时制度的意见。没有成立工会组织的，应当提交实行特殊工时制度涉及职工的联名意见；

（五）其他应当提交的证明材料。

第五条　申请实行特殊工时制度的企业可以直接或者通过信函方式提交材料。劳动保障行政部门收到申请材料后，出具《企业实行综合计算工时工作制和不定时工作制申请材料接收清单》。

第六条　劳动保障行政部门对企业提出实行特殊工时制度的申请，根据以下情况在五个工作日内分别作出处理：

（一）申请材料齐全，符合法定形式，属本机关职权范围的，应当受理并制作《企业申请实行综合计算工时工作制和不定时工作制受理通知书》，送达申请人；

（二）申请材料不齐全或者不符合要求的，应当当场或者在五个工作日内一次性告知申请人需要补正的全部内容，并制作《企业申请实行综合计算工时工作制和不定时工作制补正材料通知书》,送达申请人。申请人按照本行政机关的要求提交全部补正申请材料的,应当受理。逾期不告知的,自收到申请材料之日起即为受理;

(三)申请材料存在错误,可以当场更正的,应当允许并指导申请人当场进行更正;

(四)申请事项不属于本行政机关职权范围的,应当即时制作《企业申请实行综合计算工时工作制和不定时工作制不予受理通知书》,送达申请人,并告知其向有关部门申请。

第七条 劳动保障行政部门应当自接到申请材料之日起十个工作日内作出是否许可实行特殊工时制度的决定。如遇特殊情况需延期的,经主管领导批准,可延长十个工作日,并制作《企业实行综合计算工时工作制和不定时工作制延期决定通知书》,说明延期的理由和延长的时间送达申请人。

第八条 劳动保障行政部门受理申请后,依据 157 号文件对申请材料的内容进行审查,必要时可以到申请单位进行实地核查。实地核查时,应当有两名工作人员同时进行。实地核查应当制作笔录,并由被核查单位的负责人签字。

第九条 经审查,对符合实行特殊工时制度的岗位或工种,依法作出准予行政许可的决定,签署《北京市企业实行综合计算工时工作制和不定时工作制审批表》(一式三份),制作《北京市企业实行综合计算工时工作制和不定时工作制准予行政许可决定书》;对不符合实行特殊工时制度的岗位或工种,依法作出不予行政许可决定的,制作《北京市企业实行综合计算工时工作制和不定时工作制不予许可决定书》。

决定书自决定之日起十日内送达申请人,填写《企业实行综合计算工时工作制和不定时工作制行政许可决定送达回证》。

第十条 区县劳动保障行政部门制发的相关文书应一律加盖"北京市＊＊区(县)劳动和社会保障局特殊工时审批专用章"。

第十一条 经批准实行特殊工时制度的企业,发生157号文件第十七条规定情形的,应当重新申请办理许可。办理的手续和程序按照本规定和157号文件执行,原许可审批表、决定书予以废止。

第十二条 区、县劳动保障行政部门进行审查时,对涉及国计民生且从业人员较多、跨区县经营的行业的企业实行特殊工时制度的,应当注意该企业与在其他区县的企业之间的平衡,审批前及时向市劳动保障行政部门通报有关情况。

第十三条 劳动保障行政部门应当健全规范特殊工时制度许可工作规程,填写《北京市企业实行综合计算工时工作制和不定时工作制审批内部流程表》,按照程序规定实施许可。

第十四条 劳动保障行政部门应当建立完善监督检

查制度,加强对已经批准实行特殊工时制度企业的监督检查。每年实施监督检查的企业户数应为已经批准实行特殊工时制度企业的 20%。监督检查应当有两名以上工作人员进行,并对监督检查的情况和处理结果予以记录,由监督检查人员签字后归档备案。

第十五条 劳动保障行政部门应当将审批实行特殊工时制度企业的相关材料以及监督检查情况的记录认真保管,按照档案管理制度立卷归档。实行特殊工时制度行政许可档案按年度归档,当年批准特殊工时制度的可以归为一卷,一个案卷不得超过一百页,超过一百页,应分成两卷以上,一卷一号,档案保管期限一般为短期,许可有效期限较长的,档案保管期限不得短于许可有效期限。

第十六条 卷内每项许可的文书材料应包括下列内容:

(一)卷内目录;

(二)《北京市企业实行综合计算工时工作制和不定时工作制申报表》;

(三)企业法人营业执照副本及复印件(外地在京分支机构提交法人授权书及营业执照副本及复印件);

(四)申请说明书;

(五)企业工会意见或职工联名意见;

(六)《企业实行综合计算工时工作制和不定时工作制申请材料接收清单》;

(七)《申请实行企业综合计算工时工作制和不定时工

作制受理通知书》；

（八）《北京市企业实行综合计算工时工作制和不定时工作制审批表》；

（九）《北京市企业实行综合计算工时工作制和不定时工作制准予行政许可决定书》；

（十）《北京市企业实行综合计算工时工作制和不定时工作制审批内部流程表》；

（十一）送达回证；

（十二）备考表。

第十七条　特殊工时制度审批过程中发生以下情形的，有关的文书材料按时间顺序一并归档：

（一）不予受理的；

（二）依法作出不予行政许可决定的；

（三）申请材料不齐全或者不符合要求需要补正的；

（四）需要延期许可的；

（五）进行实地核查的。

第十八条　各区县劳动保障部门应当按照市劳动和社会保障局《关于做好2005年企业综合计算工时和不定时工作制审批统计工作有关问题的通知》的要求，做好企业实行特殊工时制度审批的统计工作。

第十九条　民办非企业法人单位实行特殊工时制度，向单位所在地的区、县劳动保障行政部门申请。

第二十条　企业使用劳务派遣组织派遣人员所在岗位确需实行特殊工时制度的，在向劳动保障部门申请实行特殊工时制度时,应征得劳务派遣组织的同意。

第二十一条 本规定未涉及行政许可其他要求的,按《行政许可法》和其他有关行政许可规定执行。

第二十二条 本办法自发布之日起施行。

劳 动 部
关于职工工作时间有关问题的复函

(1997年9月10日　劳部发〔1997〕271号)

广州市劳动局:

你局《关于职工工作时间有关问题的请示》(穗劳函字〔1997〕127号)收悉,经研究,函复如下:

一、企业和部分不能实行统一工作时间的事业单位,可否不实行"双休日"而安排每周工作六天,每天工作不超过6小时40分钟?

根据《劳动法》和《国务院关于职工工作时间的规定》(国务院令第174号)的规定,我国目前实行劳动者每日工作8小时,每周工作40小时这一标准工时制度。有条件的企业应实行标准工时制度。有些企业因工作性质和生产特点不能实行标准工时制度,应保证劳动者每天工作不超过8小时、每周工作不超过40小时、每周至少休息一天。此外,根据一些企业的生产实际情况还可实行不定时工作制和综合计算工时工作制。实行不定时工作制和综合计算工时工作制的企业应按劳动部《关于企业实行不定时工作制和综合计算工时工作制的审批办法》(劳部发

〔1994〕503 号)的规定办理审批手续。

二、用人单位要求劳动者每周工作超过 40 小时但不超过 44 小时,且不作延长工作时间处理,劳动行政机关可否认定其违法并依据《劳动法》第九十、九十一条和劳部发〔1994〕489、532 号文件的规定予以处罚?

《国务院关于职工工作时间的规定》(国务院令第 174 号)是依据《劳动法》第三十六条的规定,按照我国经济和社会发展的需要,在标准工时制度方面进一步作出的规定。如果用人单位要求劳动者每周工作超过 40 小时但不超过 44 小时,且不作延长工作时间处理,劳动行政机关有权要求其改正。

三、《劳动法》第四十一、四十四条中的"延长工作时间"是否仅指加点,而不包括休息日或节日等法定休假日的加班(即是否加班不受《劳动法》的第四十一条限制)

《劳动法》第四十一条有关延长工作时间的限制包括正常工作日的加点、休息日和法定休假日的加班。即每月工作日的加点、休息日和法定休假日的加班的总时数不得超过 36 小时。在国家立法部门没有作出立法解释前,应按此精神执行。

四、休息日或法定休假日加班,用人单位可否不支付加班费而给予补休?补休的标准如何确定?

依据《劳动法》第四十四条规定,休息日安排劳动者加班工作的,应首先安排补休,不能补休时,则应支付不低于工资的百分之二百的工资报酬。补休时间应等同于加班时间。法定休假日安排劳动者加班工作的,应另外支付不低于工资的百分之三百的工资报酬,一般不安排补休。

五、经批准实行综合计算工时工作制的用人单位,在计算周期内若日(或周)的平均工作时间没超过法定标准工作时间,但某一具体日(或周)的实际工作时间超过8小时(或40小时),"超过"部分是否视为加点(或加班)且受《劳动法》第四十一条的限制

依据劳动部《关于企业实行不定时工作制和综合计算工时工作制的审批办法》第五条的规定,综合计算工时工作制采用的是以周、月、季、年等为周期综合计算工作时间,但其平均日工作时间和平均周工作时间应与法定标准工作时间基本相同。也就是说,在综合计算周期内,某一具体日(或周)的实际工作时间可以超过8小时(或40小时),但综合计算周期内的总实际工作时间不应超过总法定标准工作时间,超过部分应视为延长工作时间并按《劳动法》第四十四条第一款的规定支付工资报酬,其中法定休假日安排劳动者工作的,按《劳动法》第四十四条第三款的规定支付工资报酬。而且延长工作时间的小时数平均每月不得超过36小时。

六、若甲企业经批准以季为周期综合计算工时(总工时应为40时/周×12周/季=480时/季)。若乙职工在该季的第一、二月份刚好完成了480小时的工作,第三个月整月休息。甲企业这样做是否合法且不存在着延长工作时间问题,该季各月的工资及加班费(若认定为延长工作

时间的话)应如何计发？

某企业经劳动行政部门批准以季为周期综合计算工时(总工时应为 508 小时/季)。该企业因生产任务需要，经商工会和劳动者同意，安排劳动者在该季的第一、二月份刚好完成了 508 小时的工作，第三个月整月休息。该企业这样做应视为合法且没有延长工作时间。对于这种打破常规的工作时间安排，一定要取得工会和劳动者的同意，并且注意劳逸结合，切实保障劳动者身体健康。

工时计算方法应为：

1.工作日的计算

年工作日：365 天/年 - 104 天/年(休息日) - 7 天/年(法定休假日) = 254 天/年季工作日：254 天/年 ÷ 4 季 = 63.5 天

月工作日：254 天/年 ÷ 12 月 = 21.16 天

2.工作小时数的计算

以每周、月、季、年的工作日乘以每日的 8 小时。

七、劳部发〔1994〕489 号文第十三条中"其综合工作时间超过法定标准工作时间部分"是指日(或周)平均工作时间超过，还是指某一具体日(或周)实际工作时间超过？

实行综合计算工时工作制的企业，在综合计算周期内，如果劳动者的实际工作时间总数超过该周期的法定标准工作时间总数，超过部分应视为延长工作时间。如果在整个综合计算周期内的实际工作时间总数不超过该周期的法定标准工作时间总数，只是该综合计算周期内的某一具体日(或周、或月、或季)超过法定标准工作时间,其超过部分不应视为延长工作时间。

八、实行不定时工作制的工资如何计发? 其休息休假如何确定?

对于实行不定时工作制的劳动者,企业应当根据标准工时制度合理确定劳动者的劳动定额或其他考核标准,以便安排劳动者休息。其工资由企业按照本单位的工资制度和工资分配办法,根据劳动者的实际工作时间和完成劳动定额情况计发。对于符合带薪年休假条件的劳动者,企业可安排其享受带薪年休假。

九、本市拟在审批综合计算工时过程中强制性地附加"保证劳动者每周至少休息一天"和"每日实际工作时间不得超过 11 小时"两个条件,是否妥当?

实行综合计算工时工作制是从部分企业生产实际出发,允许实行相对集中工作、集中休息的工作制度,以保证生产的正常进行和劳动者的合法权益。因此,在审批综合计算工时工作制过程中不宜再要求企业实行符合标准工时工作制的规定。但是,在审批综合计算工时工作制过程中应要求企业做到以下两点:

1.企业实行综合计算工时工作制以及在实行综合计算工时工作制中采取何种工作方式,一定要与工会和劳动者协商。

2.对于第三级以上(含第三级)体力劳动强度的工作岗位,劳动者每日连续工作时间不得超过 11 小时,而且每周至少休息一天。

人力资源和社会保障部、商务部关于服务外包企业实行特殊工时制度有关问题的通知

（2009年3月29日　人社部发〔2009〕第36号）

北京市、天津市、辽宁省、黑龙江省、上海市、江苏省、浙江省、安徽省、江西省、山东省、湖北省、湖南省、广东省、重庆市、四川省、陕西省人人力资源社会保障（劳动保障）厅（局），商务厅（局）：

为积极承接国际服务外包业务，促进我国服务外包产业发展，按照《国务院办公厅有关促进服务外包产业发展问题的复函》《国办函〔2009〕9号》的要求，现就服务外包企业实行特殊工时制度的有关问题通知如下：

一、在国务院批转的北京、天津、重庆、大连、深圳、广州、武汉、哈尔滨、成都、南京、西安、济南、杭州、合肥、南昌、长沙、大庆、苏州、无锡等20个服务外包示范城市，对符合条件且劳动用工管理规范的技术先进性服务外包企业，确因生产特点无法实行标准工时工作制的部分岗位，经所在地省级人力资源社会保障（劳动保障）部门批准，可以实施特殊工时工作制。其中，对软件设计人员、科技研

发人员、中高级管理人员和其他工作无法按照标准工作时间衡量或需机动作业的职工，经批准可以实行不定时工作制；对因工作性质特殊需连续工作的职工和其他适合实行综合计算工时工作制的职工，经批准可以实行综合计算工时工作制。

二、实行特殊工时制度的服务外包企业，应当依法制定具体实施方案，科学安排职工的工作和休息时间，采取集中工作、集中休息、轮休调休、弹性工作时间等适当方式，确保职工的休息休假权利。

三、服务外包企业所在地省级人力资源社会保障（劳动保障）部门要改进对企业实行特殊工时制度的审批办法和程序，提高审批效率。要会同示范城市人力资源社会保障（劳动保障）部门、省市上午主管部门加强对服务外包企业的指导和服务，主动帮助解决实行特殊工时制度中遇到的问题。有关商务主管部门要积极配合人力资源社会保障（劳动保障）部门做好对服务外包企业实施特殊工时制度的管理和服务工作。

四、服务外包企业所在地省级人力资源社会保障（劳动保障）部门要注意了解掌握有关服务外包企业实行特殊工时制度的情况，搞好对实行特殊工时制度的企业、实行不定时工作制和综合计算工时工作时的岗位和职工人数的统计，于每年1月和7月报人力资源社会保障部备案，同时抄送商务部合同及商务主管部门。工作中遇到问题，及时向人力资源社会保障部报告。

国务院法制办公室
对湖北省人民政府法制办公室《关于如何确认违法行为连续或继续状态的请示》的复函

（2005 年 10 月 26 日 国法函〔2005〕442 号）

湖北省人民政府法制办公室：

你办《关于如何确认违法行为连续或继续状态的请示》(鄂法制文〔2005〕8 号)收悉。经研究并商全国人大常委会法工委行政法室,现函复如下：

《中华人民共和国行政处罚法》第二十九条中规定的违法行为的连续状态,是指当事人基于同一个违法故意,连续实施数个独立的行政违法行为,并触犯同一个行政处罚规定的情形。

最高人民法院印发《关于适用〈中华人民共和国民事诉讼法〉若干问题的意见》的通知(摘录)

40.民事诉讼法第四十九条规定的其他组织是指合法成立、有一定的组织机构和财产,但又不具备法人资格的组织,包括:

(1)依法登记领取营业执照的私营独资企业、合伙组织;

(2)依法登记领取营业执照的合伙型联营企业;

(3)依法登记领取我国营业执照的中外合作经营企业、外资企业;

(4)经民政部门核准登记领取社会团体登记证的社会团体;

(5)法人依法设立并领取营业执照的分支机构;

(6)中国人民银行、各专业银行设在各地的分支机构;

(7)中国人民保险公司设在各地的分支机构;

(8)经核准登记领取营业执照的乡镇、街道、村办企业;

(9)符合本条规定条件的其他组织。

41.法人非依法设立的分支机构,或者虽依法设立,但没有领取营业执照的分支机构,以设立该分支机构的法人为当事人。

42.法人或者其他组织的工作人员因职务行为或者授权行为发生的诉讼,该法人或其他组织为当事人。

人力资源和社会保障部办公厅
关于企业工资总额管理有关口径
问题的函

（2010 年 1 月 23 日　人社厅函〔2010〕51 号）

上海市人力资源和社会保障局：

你局《关于企业工资总额有关口径的请示》（沪人社综字〔2009〕109 号）收悉。经研究，现答复如下：

将企业发放给职工的住房补贴、交通补贴等收入纳入工资管理，有利于加强对企业工资分配的宏观调控，推进职工收入工资化、货币化、透明化。在国有企业工资总额管理工作中，应按照《关于企业加强职工福利费财务管理的通知》（财企〔2009〕242 号）的规定，将按月按标准发放或支付给职工的住房补贴、交通补贴或者车改补贴、通讯补贴以及节日补助、按月发放的午餐费补贴等统一纳入职工工资总额管理。实行工效挂钩办法的企业，在与企业经济效益直接挂钩工资总额基数外单列，不作为计提新增效益工资的基数。

劳动和社会保障部办公厅
关于退休人员被判刑后有关养老保险
待遇问题的复函

(2001年3月8日 劳社厅函〔2001〕44号)

黑龙江省劳动和社会保障厅：

你厅《关于已领取养老金人员涉嫌犯罪被通缉或在押未定罪期间养老金发放问题的请示》(黑劳社呈〔2001〕5号)收悉。经研究,现答复如下:

退休人员被判处拘役、有期徒刑及以上刑罚或被劳动教养的,服刑或劳动教养期间停发基本养老金,服刑或劳动教养期满后可以按服刑或劳动教养前的标准继续发给基本养老金,并参加以后的基本养老金调整。退休人员在服刑或劳动教养期间死亡的,其个人账户储存额中的个人缴费部分本息可以继承,但遗属不享受相应待遇。退休人员被判处管制、有期徒刑宣告缓刑和监外执行的,可以继续发给基本养老金,但不参与基本养老金调整。退休人员因涉嫌犯罪被通缉或在押未定罪期间,其基本养老金暂停发放。如果法院判其无罪,被通缉或羁押期间的基本养老金予以补发。

劳动和社会保障部办公厅
人 事 部 办 公 厅
解放军总后勤部司令部
关于对军队机关事业单位职工
参加失业保险有关问题的复函

(2002 年 2 月 22 日　劳社厅函〔2002〕52 号)

山西省劳动和社会保障厅：

你厅《关于军队机关事业单位职工参加失业保险有关问题的请示》(晋劳社失函〔2001〕6 号)收悉,现答复如下：

一、人事部、劳动和社会保障部、中国人民解放军总后勤部《关于军队后勤保障社会化改革中人事和劳动保障工作有关问题的通知》(〔2000〕后司字第 332 号)规定,"军队机关事业单位职工,从 2000 年 7 月 1 日起,按国家规定参加当地失业保险,缴纳失业保险费,享受失业保险待遇。"其中,"军队机关事业单位职工",是指军队机关事业单位中无军籍的所有职工。即：列入军队队列编制员额的职工和不列入军队队列编制员额的职员、工人(含合同制)以及聘用的其他职工(不含离退休人员)。

二、军队机关事业单位参加失业保险,应按照规定如实提供职工人数、缴费工资基数等情况。失业保险经办机构应按照军队机关事业单位提供的参保人员名单和缴费工资等情况,为缴费单位和缴费个人办理参保手续、建立缴费记录。军队机关事业单位中的参保人员失业时,对符合条件的失业人员,要按时足额发放失业保险金,并提供相应的服务。

劳动和社会保障部办公厅
关于执行劳社部发〔2000〕13 号文件
有关规定的复函

（2002 年 5 月 27 日　劳社厅函〔2002〕186 号）

重庆市劳动和社会保障局：

你局《关于贯彻劳社部发〔2000〕13 号文件有关问题的紧急请示》（渝劳社文〔2002〕54 号）收悉。经研究，答复如下：

根据《社会保险费征缴暂行条例》规定，实行企业化管理的事业单位及其职工应当参加城镇企业职工基本养老保险社会统筹。《国务院关于切实做好企业离退休人员基本养老金按时足额发放和国有企业下岗职工基本生活保障工作的通知》（国发〔2000〕8 号）规定："今年内，各地要积极扩大社会保险覆盖面，将外商投资企业、港澳台商投资企业、集体企业、城镇私营企业及事业单位，按规定全部纳入覆盖范围"。劳动和社会保障部、民政部、财政部联合发布的《关于贯彻国务院 8 号文件有关问题的通知》（劳社部发〔2000〕13 号）规定："要采取有效措施，按照《社会保险费征缴暂行条例》规定，努力扩大社会保险覆盖范围，强化社会保险费征缴。要以外商投资企业、私营企业和事业单位为重点,扩大社会保险覆盖范围,年底前要基本实现养老、失业保险全覆盖。"

我们认为,国发〔2000〕8 号和劳社部发〔2000〕13 号这两个文件,与《社会保险费征缴暂行条例》的规定并不矛盾,两个文件都强调"按规定",是指在《社会保险费征缴暂行条例》规定的范围内扩大社会保险覆盖范围。将事业单位纳入社会保险覆盖范围的表述有两层含义:一是全部事业单位要纳入基本医疗保险和失业保险;二是企业化管理的事业单位要纳入基本养老保险。因此,无论是国发〔2000〕8 号文件,还是劳社部发〔2000〕13 号文件,都没有扩大《社会保险费征缴暂行条例》所确定的基本养老保险的征缴范围。

北京市劳动和社会保障局
北京市人民政府侨务办公室
关于转发劳动和社会保障部办公厅
《关于出境定居的归侨侨眷职工
享受一次性离职费问题的复函》的通知

(2005 年 9 月 19 日　京劳社养发〔2005〕127 号)

各区(县)劳动和社会保障局、侨务办公室:

现将劳动和社会保障部办公厅《关于出境定居的归侨侨眷职工享受一次性离职费问题的复函》(劳社厅函〔2005〕126 号)转发给你们,并结合本市的实际,提出如下补充意见,请遵照执行。

一、归侨、侨眷职工因出境定居终止基本养老保险和基本医疗保险关系后,如在国家规定的劳动年龄内回到国内工作的,应按有关规定从工作当月开始重新建立基本养老保险、基本医疗保险关系,并按时、足额缴纳基本养老保险费和基本医疗保险费。其缴费年限从重新缴费当月开始计算。

二、外籍华人及港澳同胞的在京眷属职工比照本通知办理。

附件：

劳动和社会保障部办公厅
关于出境定居的归侨侨眷职工
享受一次性离职费问题的复函

（2005 年 4 月 19 日　劳社厅函〔2005〕126 号）

上海市劳动保障局：

　　你局《关于出境定居的归侨、侨眷职工享受一次性离职费问题的请示》收悉。经研究并商国务院侨务办公室，现函复如下：

　　一次性离职费是基本养老保险制度建立之前，对归侨、侨眷职工因出境定居终止劳动关系不再享受退休待遇而由企业支付的一次性补助金。社会保险制度建立后，对不符合国家规定退休条件的归侨、侨眷职工获准出境定居的，按照国家有关规定办理终止劳动关系手续时，支付一次性离职费应根据职工参加社会保险统筹情况区别对待。

　　职工已经参加基本养老保险、基本医疗保险的，由社会保险经办机构按照规定将其基本养老保险个人账户储存额一次性支付给本人，并一次性结清其医疗保险个人账户，终止其基本养老保险、基本医疗保险关系；对职工在建立基本养老保险个人账户之前本企业的实际工作年限，仍由用人单位比照国务院侨办、劳动人事部、财政部《关于归侨、侨眷职工因私事出境的假期、工资等问题的规定》（〔83〕侨政会字第 007 号）支付职工一次性离职费。

职工未参加社会保险统筹的,用人单位继续按照国务院侨办、劳动人事部、财政部《关于归侨、侨眷职工因私事出境的假期、工资等问题的规定》（〔83〕侨政会字第 007 号）支付一次性离职费。

劳动和社会保障部办发厅关于企业职工"法定退休年龄涵义的复函"

(2001 年 5 月 11 日　劳社厅函〔2001〕125 号)

北京市劳动和社会保障局:

　　你局《关于请求对"法定退休年龄"概念予以解释的请示》(京劳社办文〔2001〕27 号)收悉。经研究,答复如下:

　　1999 年 3 月我部下发的《关于制止和纠正违反国家规定办理企业职工提前退休有关问题的通知》(劳社部发〔1999〕8 号)中,"国家法定的企业职工退休年龄,"是指国家法律规定的正常退休年龄,即:"男年满 60 周岁,女工人年满 50 周岁,女干部年满 55 周岁。"请你们按此精神解释执行。

劳动和社会保障部办公厅
关于工会主席任职期间用人单位
能否因违纪解除劳动合同问题的复函

(2005 年 1 月 14 日 劳社厅函〔2005〕24 号)

北京市劳动和社会保障局:

你局《关于工会主席任职期间用人单位能否因违纪解除劳动合同的请示》(京劳社仲文〔2004〕83 号)收悉,经研究,现答复如下:

用人单位按照《劳动法》第二十五条的规定解除劳动合同不受其他附加条件限制,因此,如工会主席、副主席或者委员在任职期间存在《劳动法》第二十五条规定情形之一的,用人单位可以解除劳动合同。同时,根据《工会法》第二十一条规定,用人单位单方面解除职工劳动合同时,应当事先将理由通知工会,若工会认为用人单位违反法律、法规和有关合同,要求重新研究处理时,用人单位应当研究工会的意见,并将处理结果书面通知工会。

劳动和社会保障部办公厅
关于取得国外永久性居民身份证
回国工作人员在国内工作期间
有关社会保险问题的复函

(2001 年 9 月 10 日 劳社厅函〔2001〕198 号)

北京市劳动和社会保障局：

你局《关于回国高级科技人才中持国外绿卡在国内工作人员有关社会保险问题的函》(京劳社养函〔2001〕59 号)收悉。经研究，现答复如下：

对于取得国外永久性居民身份证的人员回国工作，凡同国内企业建立劳动关系的，应按规定参加企业所在地的社会保险，缴纳社会保险费，并享受相应待遇。这些人员同国内企业解除劳动关系并离境时，社会保险经办机构应当终止其社会保险关系，并根据职工申请，对参加基本养老保险，且不符合领取基本养老金条件的，将其基本养老保险个人账户的储存额一次性支付给本人；参加基本医疗保险的，将其个人账户结余部分一次性退给本人；参加失业保险的，单位和个人此前缴纳的失业保险费不予退还。

劳动和社会保障部办公厅
关于单位外派职工在境外工作期间
取得当地居民身份证后社会保险关系
处理问题的复函

(2001年4月24日　劳社厅函〔2001〕115号)

广东省劳动和社会保障厅：

　　你厅《关于外派职工取得境外居民身份证后是否继续参保并享受社会保险待遇问题的请示》(粤劳社〔2001〕67号)收悉。经研究，现答复如下：

　　职工在被本单位派到境外工作期间，合法取得当地永久性居民身份证后，职工所在单位应停止为其缴纳社会保险费，及时为其办理终止社会保险关系的手续。社会保险经办机构应当终止其社会保险关系，并根据职工的申请，对参加基本养老保险，且不符合领取基本养老金条件的，将其基本养老保险个人账户储存额中的个人缴费部分一次性退给本人；参加基本医疗保险的，将其个人账户结余部分一次性退给本人；参加失业保险的，单位和个人此前缴纳的失业保险费不予退还。

　　职工在被派到香港、澳门和台湾地区工作期间合法取得当地永久性居民身份证的,其社会保险关系参照上述办法处理。

劳动部办公厅关于卖淫嫖娼人员被收容教育期间工资福利待遇等有关问题的复函

(1997年5月31日　劳办发〔1997〕49号)

江苏省人民政府法制局：

国务院法制局将你局《关于卖淫嫖娼人员被收容教育期间其工作单位对其工资福利等问题应如何处理的请示》(苏府法函字〔1997〕16号)转我部研究处理。经研究，现提出如下处理意见：

关于卖淫嫖娼人员被收容教育期间其工作单位对其工资福利等应如何处理问题。我们认为，如此类人员仍与企业保持劳动关系的，在被收容教育期间，其原享受的工资、奖金、福利费和各类补贴等待遇应停止执行，由企业酌情发给生活费。如收容教育期满回企业后，继续从事原工作的，企业应恢复其原享受的工资、奖金、福利费和各类补贴等待遇；调整工作岗位的，工资、奖金、福利费和各类补贴等待遇由企业重新确定。若此类人员属享受工伤保险待遇的人员，应比照《企业职工工伤保险试行办法》第三十二条规定的"在执行劳动教养期间或者犯罪服刑期间，其工伤保险待遇可以发给"的规定执行。

劳动部关于严格按照国家规定办理职工退出工作岗位休养问题的通知

（1994年6月20日　劳部发〔1994〕259号）

各省、自治区、直辖市劳动（劳动人事）厅（局），国务院有关部门：

国务院《国有企业安置富余职工规定》（国发〔1993〕111号令）颁发后，对于规范企业妥善安置富余职工起到了积极作用。但是有的企业在分流富余职工时，采取了"一刀切"的做法，对距退休年龄不到5年的职工，强迫退出岗位休养（以下简称"内退"），剥夺甚至侵害了职工的正当劳动权利，为保证职工的合法权益，维护国家行政法规的严肃性，现就有关问题通知如下：

一、企业对距退休年龄不到5年的职工，应经本人提出申请，企业领导批准，方可办理退出工作岗位休养。

二、企业对在改革中精减下来但又不符合"内退"条件的人员，应该积极为他们创造或推荐新的岗位，也可以提供转业培训，在采取这些措施以后，对部分人员可以引向社会或作为企业内部待岗人员，但不能办理"内退"。

三、对未达到国家法定退休年龄的职工，无论是办理了"内退"或是其他富余职工，企业都要根据有关规定办理发放基本生活费,标准不得低于省、市、自治区人民政府规定的最低标准。对确实有困难并已足额交纳失业保险金的企业,经劳动部门批准,可以用失业保险金予以补贴。职工达到国家法定退休年龄的,需按规定办量退休手续,凡参加养老保险统筹的,转由社会保险机构发给养老金。

四、各地劳动部门对企业贯彻国发〔1993〕111号令要做好指导监督检查工作,坚决制止企业超出国务院规定办理"内退"的做法。今后,对企业的此类行为要及时纠正,并严肃处理。

劳动部办公厅
关于承包合同引起劳动争议
问题的复函

(1994年4月29日　劳办发〔1994〕142号)

贵州省劳动局:

你省黔东南州仲裁委员会关于《因承包合同引起劳动争议问题的请示报告》(州劳仲字〔1994〕03号)收悉。经研究,现函复如下:

关于黔东南州仲裁委员会请示仲裁委员会对引起劳动争议的前因,即承包合同的标的、内容及应承担的违约经济责任是否有权明确实体的问题,我们认为,劳动争议仲裁委员会按照《关于履行企业内部承包责任合同的争议是否受理的复函(劳办发〔1993〕224号)处理职工与企业因执行承包合同有关劳动权利义务方面的规定而发生的劳动争议时,应商有关部门,依据有关法律、法规,对涉及承包合同中非劳动权利义务方面的标的、内容及应承担的违约经济责任予以确认。如果这些条款不与国家法律、法规相抵触,则可以作为处理上述劳动争议的依据。

请你们将上述内容转告黔东南州仲裁委员会。